사춘기를 위한

진로수업

사춘기를 위한

진로수업

권희린 지음

생각
학교

2부 진로, 나와 미래 그리고 직업까지 발견하게 도와주는 지도

3부 나만의 브랜드, 덕업일치로 살아가고 싶은 우리들의 특기 발견

4부 미래, 곁눈질은 그만하고 내가 직접 만들어야지

프롤로그

아직도 입시를 진로라고 말하는 사람이 있어?

"저는 이번 생은 망했어요!"

새 학기 첫 시간, 교실에 들어가서 열심히 1년 동안의 수업에 대해 오리엔테이션을 진행할 때였어. 고3 학생들을 대상으로 '한 학기 한 권 진로 도서 읽기' 수업을 진행한다고 설명하는데, 뒤에 앉은 한 학생이 들릴 듯 말 듯한 소리로 이렇게 말하는 거야.

"어차피 망했는데 책은 읽어서 뭐 하나?"

이 순간을 짚고 넘어가면 처음의 좋았던 분위기가 어색해질까 봐 그냥 모른 척할까도 생각했어. 하지만 그러고 싶지 않은 거야. 그 학생에게 "야! 뭐가 망해? 아직 안 망했어!"라고 자신 있게 말해 주고 싶었거든. 결국 나의 긴 잔소리가 시작되었지.

"인생에서 대학이 전부가 아니야. 네가 뭘 좋아하는지부터 생각해. 책을 안 읽는 사람에게는 미래가 없어. 시간 관리 잘 해야지. 너와 관심사가 같은 사람을 멘토로 찾아봐. 글쓰기는 필수야."

나의 이런 자신감 영업이 처음부터 학생들에게 먹혔던 것은 아니야. 하지만 진로와 관련해서 들려주는 이야기들을 하나씩 듣던 학생들은 시간이 지나면서 어느 순간부터 나의 진심을 이해하며 조금씩 내 말을 믿기 시작했지. 정확히 말하면 나를 믿은 게 아니라 자기 자신을 믿기 시작한 거였지.

"지금 이 순간이 내 인생의 성적표는 아니니까 포기하지 말자. 여러 갈래의 길이 있고 나는 할 수 있는 사람이며 잘할 수 있다."

나는 학창 시절에 공부를 못하면 인생이 망하는 줄 알았어. 그래서 고등학교 때 진지하게 뭘 해야 할지 고민하지 못했지. 그런 고민을 하는 친구는 찾기 힘들었고 공부만 열심히 해서 대학에 진학한 후에 진로를 결정한 친구들이 대다수였어. 지금은 어른들이 너희들에게 "꿈이 뭐니?"라고 묻잖아. 나 때는 "어느 대학이 목표니?"라고 물었다니까. 그러니 고3 때까지도 내 단짝 친구가 간호사가 될지, 은행원이 될지 상상도 못했지. 물론 내가 교사가 되고, 작가가 될 줄도 내 친구들은 몰랐을 테고. 대학입시와 취업을 향해 앞만 보고 무작정 달리느라 주변을 돌아보지 못했어. 남들이 번듯하다고 생각하는 직업을 가진 친구들도 자신의 진로에 대해 후회하는 모습을 많이 봤어. 시간이 흐른 후에야 알게 된 거지. 남들이 좋다고 하는 직업이 나에게도 좋은 것만은 아니라는 것을. 결국 내가 원하는 것은 나만이 알 수 있고, 그것을 탐색하는 시간을 충분히 가져야 한다는 것을. 내 주변을 보면 학창 시절에 공부를 잘해서 사회적으로 인정받는 직업을 가진 친구들이 직장을 그만두고 싶다고 말하는 경우가 많아. 반면에 그땐 남들보다 조금 늦고 더딘 것 같았지만, 자신이 뭘 원하는지를 고민하고 꾸준히 노력해서 성취를 이룬 친구들이 훨씬 더 즐겁고 재미있게 살고 있지.

너희가 살고 있는 세상은 빠르게 변화하고 있어. '4차 산업혁명'은 단순히 기술적인 발전에 그치지 않을 거야. 우리의 일상생활, 직업 세계, 심지어 생각하는 방식까지도 송두리째 변화시키고 있거든. 그러니까 단순히 학교에서 좋은 성적을 얻고 명문대에 입학하는 것이 인생의 전부가 될 수는 없어. 훨씬 더 중요한 것은 변화하는 시대에서 내가 무엇을 좋아하는지, 내가 가치 있게 생각하는 것이 무엇인지에 대해 깊이 있게 고민해 보는 거지.

네가 좋아하는 일과 잘하는 일 사이에서 균형을 찾는 여정이 쉽지 않을 거야. 정답이 있는 것도 아니라서 때로는 실패와 좌절도 맛보게 될 테고. 하지만 포기하지 않고 계속해서 나아간다면 그 경험이 너를 더 강하게 만들어 줄 것이고, 결국 네가 꿈꾸던 미래를 만나게 될 거야.

나는 너희가 좌절하는 순간에도 희망을 잃지 않고, '이생망(이번 생은 망했다)'이라고 포기하지 않도록 손을 잡아 주고 싶어서 이 책을 썼어. 이 책의 마지막 장을 덮을 때쯤에는 '아, 나도 뭔가 할 수 있겠다!', '내가 생각한 일을 실제로 해보고 싶다'라는 자신감을 갖게 되길 바라. 그렇게 느낀 마음의 온도를 가슴속 깊이 간직하며, 천천히 하지만 확실하게 너희들의 인생이라는 폴더를 채워 나가길 바랄게.

이 변화무쌍한 세상 속에서 자신이 가진 무한한 가능성을 믿고 너희만의 길을 걸으며, 자신만의 색깔로 세상을 아름답게 물들일 수 있길 바라며.

권희린

1부

직업,
돈도 벌고
하고 나면 뿌듯해지는
그 무엇을 찾자

= 1장 =

도대체 4차 산업혁명이 뭔데?

아침에 머리를 말리면서 시리(siri)에게 날씨를 묻고 오늘 입을 옷을 골라. 날씨가 추운 것 같으면 집에서 나가기 전에 스마트폰으로 차의 시동을 켜서 차 안을 따뜻하게 해놓지. 앗! 거실에 불을 안 끄고 나왔어. 이때도 집의 조명이나 난방을 스마트폰으로 켜고 끌 수 있어. 일하다 잠깐 쉬면서 SNS를 열어 보니 어제 검색했던 여행 관련 상품들이 계속 광고로 뜨네? 마치 내가 지금 뭘 원하는지 아는 것처럼. 거래처와 미팅이 있어서 갔는데, 이번 액세서리 디자인 샘플을 3D프린터로 그 자리에서 만들더라. 원래 디자인 샘플은 여러 공정을 거쳐 며칠 동안 만드는데 말이야. 이렇게 뚝딱 만들어 냈다는 게 너무 놀라워.

이런 일상은 몇 년 전만 해도 SF 영화 속에나 나오는 미래의 모습이었어. 하지만 지금은 현실이 되어 가고 있지. 처음 듣는 새로운 기술들도 너무 많아. 그래서 가끔 "그게 뭐라고?" 하며 되물을 때도 있어.

이미 달라진 우리의 현실

앞에 나온 내용에는 4차 산업혁명을 대표하는 네 가지 키워드가 담겨 있어. 너희들도 일상에서 흔히 접하는 일이라서 숨어 있는 키워드 네 가지를 아마 찾았을 거야. 정답은 바로 인공지능, 사물인터넷, 빅데이터, 3D프린터.

시리에게 날씨를 물을 때 인공지능의 음성 비서 서비스를 이용했어. 스마트폰을 이용해 집 안에서 주차장에 있는 차의 시동을 걸거나, 집 밖에서 거실의 불을 끄는 건 바로 사물인터넷을 활용한 예시지. 또 어제 검색한 상품과 관련한 SNS 광고를 띄우는 건 데이터를 수집·분석한 빅데이터를 활용한 덕분에 가능한 일이야. 액세서리 디자인 샘플을 그 자리에서 뚝딱 만들어 내는 것은 바로 3D프린팅 기술을 적용한 예로 볼 수 있지. 우리의 삶은 이미 많은 부분에서 4차 산업의 혁신적인 기술에 노출돼 있어. 그 기술 덕분에 편리한 생활을 누리지. 인공지능과 로봇으로부터 도움을 받으면서 일상이 더욱 편해졌어. 그런데 한편으로는 걱정도 늘었어. 은근히 사생활을 침해받기도 하고, 로봇들이 우리의 미래를 좌지우지할 거라고 다들 이야기하잖아.

4차 산업혁명의 키워드라고 여겨지는 네 가지를 설명한 표가 뒤에 나와. 우리의 일상에서 어떤 부분에 영향을 끼치는지 한눈에 볼 수 있지. 설명만 보면 낯설지만, 예시를 보면 우리에게 익숙한 내용들이 많아. 4차 산업혁명은 실제 우리 일상에 큰 도움을 주는 방향으로 변화하고 있어. 그런데 사람들은 4차 산업혁명이 사회 전체에 끼칠 영향에 대해 무척 걱정하거나 초조해하는 것처럼 보이기도 해. 왜 그럴까?

4차 산업혁명은 기술 발전과 디지털화로 여러 직업에 엄청난 변화를 불러올 거야. 관련 기술에 접근이 어려운 사람들이라면 직장에서 일할 기회를 놓칠 수도 있겠지. 그러다 보니 갑작스러운 변화에 불안을 느낄 수밖에 없어. 게다가 기술 발전

4차 산업혁명을 설명하는 네 가지 키워드

	설명	예시
인공지능 (AI)	컴퓨터 시스템이 인간의 지능적인 기능을 모방하고 수행하는 데 사용되는 기술과 분야	음성 비서(애플의 siri) 및 자율주행 자동차, 자연어 처리(구글 번역, 네이버 파파고), 금융서비스(대출 승인 및 사기 탐지, 투자 추천) 등
사물인터넷 (IoT)	책상, 냉장고, 세탁기, 자동차 등 일상적인 물건이 센서와 통신 기술을 통해 연결되어 정보를 교환하고 상호작용 하는 환경	스마트홈(스마트폰 앱이라 음성 명령으로 원격 제어), 스마트 시티, 운송 및 로지스틱스(센서로 연료, 유지보수 데이터 수집 후 효율적 운영을 도움), 에너지 관리(가정용 태양광 패널) 등
빅데이터	대규모의 데이터를 수집·분석하고 이를 통해 유용한 정보를 추출하는 기술	온라인 플랫폼과 광고 분석, 금융 분야의 리스크 관리, 의료 분야의 진단과 치료, 도시 및 교통 관리, 고객서비스(구매 이력, 선호도, 패턴을 분석한 마케팅 전략 수립) 등
3D프린팅	컴퓨터 모델을 기반으로 물체를 층층이 쌓아 올려 만드는 첨단 제조 기술	의료 분야(의치, 인공관절 제작), 항공우주 산업(항공기 부품, 우주선의 일부 제작), 건축 및 건설(건물 모형, 특수부품 제작) 등

의 방향도 예측하기가 어려워. 몇 년 전만 해도 드론은 그저 어른들의 장난감, '키덜트'의 상징이었어. 하지만 최근에는 드론의 활용 범위가 무척 넓어졌지. 산에서 길을 잃은 산행객을

소방 드론을 활용해 구조했고, 카타르 월드컵 공식 개막식에서는 하늘에 드론 쇼가 펼쳐졌어. 그 외에도 항공 촬영이나 길 찾기와 배달 서비스 등에 이용되지. 이제 드론은 농업, 도시 계획과 건설, 군사 정보 수집 등 엄청나게 다양한 분야에서 활약하고 있어.

온라인으로 연결된 세계에서 많은 정보가 수집되고 공유되면서 사생활 침해에 대한 우려가 커졌지. 개인정보 유출, 사이버 공격 같은 문제가 발생하는 거야. 그리고 인간이 시키는 대로만 할 줄 알았던 로봇이 오히려 사람들의 의사 결정에 영향을 미치고 있어. 그 때문에 기술이 발달하면서 인간의 가치관과 충돌하는 부분을 어떻게 해결할지에 대한 고민도 깊어졌지. 생활이 편리해지긴 했지만 생각지 못한 문제들이 여기저기 숨어 있는 셈이니 우리를 편하게 해주니까 좋다고 무조건 환영할 수만은 없는 거야.

이지성 작가는 《에이트》에서 세계적 투자은행인 골드만삭스에 인공지능 '켄쇼'가 입사한 이야기를 들려줘. 켄쇼는 자연어 처리와 '머신러닝'을 활용해서 시장 동향을 분석하고, 투자에 필요한 조언을 제공하며 분석 리포트까지 만들어 주는 금융 분석 프로그램이야. 켄쇼는 당시 월스트리트에서 높은 연봉을 받던 600여 명의 트레이더(주식이나 채권을 매매할 때, 자신이 직접 거래하거나 시세를 예측하면서 고객 간의 거래를 중개하는 사람)가 한 달 가까이 걸려 처리할 일을 무려 3시간 20분 만에 끝냈대. 회사에 막대한 이익을 안겨 준 거지. 켄쇼의 활약으로 인해 600여 명의 트레이더는 회사를 그만둬야 했어. 회사에 남은 사람은 단 두 명뿐. 이들은 왜 남게 되었을까? 켄쇼만큼 능력이 뛰어나서? 아니! 인공지능 켄쇼를 보조할 사람이 필요해서.

다른 직업이라고 다를까? 삼성서울병원의 조제 전용 로봇 아포테카케모(APOTECAchemo)는 조제가 까다로운 항암제 파트에서 하루 여덟 시간씩 일하며 평균 100건 내외의 처방전을 소화해 내고 있어. 그 병원에서 약사 두 명 몫의 일을 해내는 셈이지. 미국 대학병원에서도 약사 로봇이 조제 업무를 하는데, 그동안 단 한 건의 실수도 없었대. 로봇이 '약사'라는 직업을 대체할 수 있다는 게 어느 정도 증명된 셈이지.

게다가 한국은행 BOK 이슈노트 〈AI와 노동시장 변화〉 보고서에 따르면 AI 노출지수가 가장 높은 일자리, 즉 AI에 대체될 가능성이 높은 직업으로 일반 의사(상위 1% 이내), 전문 의사(7%), 회계사(19%), 자산운용가(19%), 변호사(21%) 등이 거론됐어. 이른바 전문 직종의 업무가 대용량 데이터를 활용해 효율화할 수 있기 때문에 AI기술에 대체될 가능성이 높다고 분석했지. 그럼 도대체 어떤 직업이 살아남을까?

로봇 때문에 생기는 새로운 직업

앞에서 본 것처럼 기계나 로봇이 대체해도 아무 문제가 없는 직업들은 곧 사라질지 모른대. 이런 변화는 기술 발전으로 산업혁명이 이루어질 때마다 일어났던 일이야. 1910년 초, 포드 자동차가 대량으로 생산되면서 마차를 끌던 마부는 한순간에 일자리를 잃었어. 대신 자동차를 운전하는 사람과 자동차를 만드는 사람들이 늘어났지. 출판계에서는 활자인쇄에서 컴퓨터 조판과 오프셋인쇄로 인쇄 방식이 바뀌면서 조판공이 사라졌지만, 전에는 없던 편집 디자이너가 생겨났지. 이런 흐름을 보면 어떤 직업이 사라질 때 새로운 직업이 많이 생기기도 해. 그러니까 불안해하지 말고 로봇에게 대체되지 않을 직업이 무엇인지, 새로운 시대에 맞춰 새롭게 생겨나는 직업은 무엇인지 다시 한번 잘 살펴보자. 그래야 진로에 대한 걱정과 불안을 조금은 잠재울 수 있어.

이 표는 4차 산업혁명을 대표하는 키워드를 중심으로 해서 앞으로 유망한 직업과 그 직종이 하는 일, 그리고 그 일을 하려면 어떤 전공을 공부해야 하는지 정리한 거야. 이 표에서 공

직업	하는 일(자질)	관련 학과
데이터 과학자와 분석가	빅데이터를 해석하고 의미 있는 통찰력을 가지며 데이터 중심의 의사 결정을 내린다. 복잡한 데이터를 해석하기 때문에 통계 분석을 잘해야 하며 머신러닝에 대한 이해가 필요하다.	컴퓨터과학, 통계학, 수학, 전산통계학, 경영정보학, 인공지능학
인공지능과 머신러닝 전문가	자율 주행 자동차, 의료 진단, 스마트 기기를 포함한 다양한 응용 프로그램을 위한 알고리즘을 개발하고, 신경망을 설계한다. 지능형 시스템을 만들고 그 기술을 활용하여 문제를 해결하고, 비즈니스에 가치를 창출하는 역할을 한다.	컴퓨터과학, 데이터과학, 전기 및 전자공학, 통계학, 수학
AI 윤리학자	AI의 개발·적용과 관련해서 인공지능 기술이 사회와 개인에게 미치는 영향을 평가하고, 윤리적 가치와 원칙을 개발하며 윤리적 고려 사항을 연구하고 제시한다.	철학, 윤리학, 사회학, 정보학, 컴퓨터과학, 법학, 인문학, 심리학
로봇공학 기술자	제조업에서 의료업에 이르기까지 다양한 산업에서 사용되는 로봇을 설계·제작하고 프로그램을 유지 및 관리하는 역할을 한다. 로봇의 하드웨어와 소프트웨어를 통합하고 제어하는 데 필요한 전문 지식을 지녀야 한다.	전기 및 전자공학, 기계공학, 자동차공학, 컴퓨터과학, 로봇공학
사물인터넷 전문가	사물인터넷 솔루션을 개발하고 구현하는 역할을 담당한다. 물리적 장치를 인터넷에 연결하여 통신 및 데이터 교환을 가능하게 하며 스마트홈, 도시 및 산업의 프로세스에 필수적이다.	전자공학, 컴퓨터과학, 통신공학, 정보보안학, 자동차공학, 산업공학
지속 가능한 에너지 전문가	재생 에너지원에 초점을 맞추어, 태양열, 풍력 및 기타 지속 가능한 에너지 시스템을 설계하고 제안하며 환경친화적인 해결책을 만든다.	환경공학, 기계공학, 신재생에너지공학

사이버 보안 분석가	민감한 정보, 네트워크 및 시스템을 사이버 공격으로부터 보호하기 위해 컴퓨터 시스템과 네트워크의 취약점을 분석하고 대응한다.	컴퓨터과학, 사이버 보안학, 암호학
증강현실(AR) 및 가상현실(VR) 개발자	AI와 컴퓨터 그래픽 및 인간과 컴퓨터의 상호작용을 결합하여 몰입형 가상현실을 만든다. 게임이나 교육, 헬스 케어 및 훈련 시뮬레이션을 위한 프로그램을 개발한다.	컴퓨터과학, 전자공학, 그래픽 디자인, 인공지능학

통으로 나오는 단어를 한번 찾아볼래? 컴퓨터, 인공지능, 로봇이라는 단어가 눈에 띌 거야.

직업 이름을 위에서부터 아래로 쭉 훑어 보자. 전문가, 분석가, 개발자라는 단어가 여러 직업에 꼭 붙어 있지? 즉 미래에는 컴퓨터 전문가가 인공지능 기술을 분석해 로봇을 개발하는 일이 유망하다는 결론이 나와. 과학 원리와 수학 기법을 활용해 문제를 해결하는 공학에 관심을 두고 공부한다면 '내가 선택한 진로가, 내가 갖고 싶은 직업이 없어지는 건 아닐까?' 하며 불안해하지 않아도 될 거야.

표에 제시된 직업들은 4차 산업혁명의 주요 키워드를 가지고 예측해 본 직군일 뿐이라서 누구에게나 정답은 아니야. 다른 사람에게 유망한 직업이라도 내 적성과 가치관에 맞지 않으면 나에게 좋은 직업이라고 할 수 없으니까. 시대가 어떻게 변화하는지 직업 변화의 트렌드를 잘 읽고, 내 관심사에 어울리면서도 시대에 맞는 직업을 나열하는 것도 미래의 유망 직업을 알아보는 하나의 방법이 될 수 있지.

예를 들어 앞으로는 고령인구가 증가한대. 그쪽과 관련된 직업은 수요가 많아지겠지? 사회복지사라든지 간병인, 실버타운 관리인, 장례지도사 같은 것 말이야. 또 전 세계적으로 건강과 '웰빙'에 관심이 커지는 사회 분위기를 생각해 의료 코디네이터나 의료 통역사, 여행 상품 기획자 같은 직업도 생각해 볼 수 있어. 시대의 흐름에 잘 맞으면서 내 적성과 관심 영역에 맞는 직업을 찾아보면 넓은 범위에서 원하는 진로를 발견할 수 있어.

지금 대세 능력은 공부보다 잘 놀기

앞으로 펼쳐질 4차 산업혁명 시대에는 어떤 직업 능력이 필요할까?

첫째, 문제해결 능력이야. 디지털 세상은 편익을 주지만 문제가 한 번 발생하면 상상할 수 없는 피해를 줄 수도 있어. 복잡하거나 갑작스럽게 발생한 일은 단답형 사고나 로봇 기술로는 해결하기가 어렵거든. 불확실하고 복잡한 문제를 창의적이고 능동적으로 해결하는 능력이 필요해. 그래서 공부만큼이나 잘 노는 게 중요해. 제대로 잘 놀려면 상황을 파악하고 규칙을 이해해야 하고 또 이기기 위한 전략도 세워야 하지. 그 과정에서 문제해결력이 생겨. 지식이야 인공지능에 맡기면 돼. 이제는 아무리 외우고 노력해도 사람이 인공지능을 이기기는 틀렸어. 인공지능을 통해 문제를 발견했을 때 그것을 해결하면서 부가가치가 높아지는 일을 고민해야 해.

둘째, 창의력이야. 로봇은 규칙에 따라 정해진 작업을 수행해. 혁신적이고 새로운 일을 만드는 아이디어와 서로 다른 분야를 연결해서 판단하는 생각의 깊이는 얕지. 창의적인 상상은 다양하게 경험해 본 사람만이 할 수 있는 유일한 능력이기도 해. 평소에 이건 왜 그럴까? 어떻게 만들어진 거지? 끊임없이 질문하고 궁금해하다 보면 해결법도 다각도로 떠올릴 수 있어. 창의력을 키워 나갈 수도 있고. 그러기 위해선 기본적인 지식이 필요해. 아는 게 없으면 질문을 만들어 내기도 힘들거든.

셋째, 협업 능력이야. 핸드폰을 하나 개발하는 데도 정보통신기술자, 전자기술자, 배터리 기술자, 제품 디자이너, 컴퓨터 프로그래머, 마케팅 전문가 등 여러 사람이 필요해. 그러기 위해서는 서로 일하는 방식을 이해하며 원활하게 협업해야 제품이 완성될 수 있어. 아이디어를 한곳에 모으기 위해서는 각자 다른 시선을 받아들이며 협력하는 자세를 꼭 갖춰야 해. 그러니까 학교에서 조별 토론이나 과제를 할 때 "왜 이걸 같이 해야 해요?"라고 불평하면 안 되는 거야. 조별 과제는 결국 미래에 필요한 자질을 위한 예행연습이야.

넷째, 자기 주도 학습 능력이야. 예전에는 한 번 배운 기술이나 지식을 평생 활용할 수 있었어. 학교나 직장에서 습득한 기술과 지식의 수명이 비교적 길었지. 일단 배운 뒤에는 큰 어려움 없이 직업 활동을 계속할 수 있었으니까. 지금은 달라. 기술 진보의 속도가 무척 빨라서 기술의 수명이 점점 짧아지고 있어. 반면 사람의 수명은 길어지고 있지. 이제 하나의 직업만으로는 오래 버티기 힘들어. 앞으로는 아마 더 많은 직업을 가지며 살게 될 거야. 새로운 것을 배우고 학습하는 데는 자기 주도적으로 지식을 습득하는 능력이 필요해. 스스로 학습하는 습관을 기르고, 지식과 기술을 빠르게 익히고 바로 사용할 수 있도록 효과적인 자기만의 학습 방법을 만들어 가야 하지.

마지막으로 가장 중요한 공감 및 소통 능력이야. 4차 산업혁명 속에서도 살아남을 것으로 예상되는 직업 중에는 마음이나 감성과 관련된 것이 많아. 간병이나 심리 상담처럼 사람을 돌보는 일, 사람 사이의 상호작용이 필요한 일은 휴머노이드가 절대 따라잡을 수 없을 거야. 감정을 느끼고 표현하는 휴머노이드가 있다고 해도 면 대 면으로 이뤄지는 인간의 감정 표현을 모두 담기는 어려우니까.

인공지능 컴퓨터는 교사보다 더 똑똑해서 학생들을 잘 가르칠지도 몰라. 하지만 학생들과 소통하고 상담하며 사회화 과정을 지도하는 것은 사람만 가능하지. 사람의 욕구를 이해하고, 공감하고, 소통할 수 있는 '사람'만이 결국 사람을 위한 제품이나 서비스를 만들어 낼 수 있다고 생각해. 나의 자리를 로봇에게 절대 내주지 않으려면 이런 능력을 키우려고 지금부터 노력해야 하는 거야.

실리콘밸리와 대기업에서 원하는 인재상

- 평소 대화를 좋아하는 사람.
- 풍부한 어휘를 사용하며 화술이 뛰어난 사람.
- 남들과 생각이 다른 사람.
- 창의적인 사람.
- 도전 의식이 있는 사람.
- 앞장서서 하는 것을 좋아하는 사람.
- 친구들과 노는 것을 좋아하는 사람.
- 웃음이 많은 사람.
- 독서·미술·음악을 좋아하는 사람.

- 감성이 풍부한 사람.
- 돈에 관심이 많은 사람.
- 사람과 사회에 관심이 많은 사람.
- 고치고 만들고 분해하기를 좋아하는 사람.

- 앤디 림, 윤규훈, 《10대를 위한 완벽한 진로 공부법》 중에서

실리콘밸리와 국내 대기업이 좋은 직업을 찾는 모든 사람에게 답이 되는 것은 아니야. 다만 그 시대에 필요한 능력을 가장 많이 반영하는 곳이니까 그들이 원하는 인재상을 염두에 두며 진로를 알아보는 것도 좋겠다는 생각이 들어. 새로운 분야와 기술이 자꾸 생겨서 따라가기 힘들다고 걱정할 필요 없어. 이런 역량은 얼마든지 키워 나갈 수 있고, 자기 자리에서 꾸준히 노력한다면 분명히 멋진 미래를 만날 수 있을 거야!

= 2장 =

상상해 봐, 행복을 만드는 너만의 기준을

요즘 학생들에게 희망하는 직업이 뭐냐고 물으면, 먼저 "하고 싶은 게 없는데요!"라는 대답이 돌아와. 그다음으로는 "돈 많이 버는 일이요"라는 말이 따라오지. 장래 희망을 선택할 때 새롭게 도전하고 재능을 키울 수 있는 일보다는 경제적인 보상과 안정성을 주는 직업을 고르는 현실의 경향이 그대로 드러나는 거지.

크리에이터가 각광받는 이유

한국직업능력연구원(KRIVET)은 직업의 가치에 대한 학생들의 생각이 어떻게 변화하고 있는지 분석한 결과를 발표했어. 희망 직업을 선택한 이유를 비교한 결과(2018년 vs 2022년), "돈을 많이 벌 수 있을 것 같아서"라고 응답한 비율이 늘어나고 있다는 거야. 반면에 발전 가능성이 크며 창의적으로 일할 수 있는 직업을 희망하는 비율은 감소하고 있지. 이 조사는 의사나 법률 전문가를 꿈꾸는 학생들을 대상으로 한 조사였는데, 일반 학생들(13~19세)을 대상으로 조사한 결과도 별반 다

13~19세 직업 선택 요인

	수입	적성·흥미	안정성	발전성·장래성	보람·자아실현	명예·명성	근무 환경	기타
2013년	25.5	38.1	18.6	5.1	6.9	4.2	-	1.6
2015년	26.1	37.1	19.9	5.1	6.2	4.6	-	1.0
2017년	28.2	36.3	17.6	6.0	6.0	4.2	-	1.7
2019년	32.3	30.2	19.7	6.7	4.2	4.3	1.3	1.3
2021년	34.3	31.3	16.6	3.7	3.9	4.9	3.9	1.3

단위: %

자료 : 통계청,「사회조사」

르지 않았어.

바로 옆에 있는 이 표는 2013년부터 2021년까지 13세~19세 학생을 대상으로 직업 선택 요인을 조사한 자료야. 수입과 적성·흥미 수치가 눈에 띄게 달라진 것을 바로 확인할 수 있지? 수입의 수치는 커졌고, 적성·흥미의 수치는 작아졌어. 직업 선택 요인에서 발전성이나 자아실현 같은 가치는 점점 외면받고 있어. 꼭 표의 수치를 확인하지 않더라도 일상에서 자연스럽게 느끼고 있지 않아? 직업을 고를 때 수입이나 명예를 다른 가치에 비해 중요하게 여기잖아.

예전에는 '유튜버'나 '인플루언서'들의 활동을 그저 취미로 생각했어. 지금은 초등학생들이 장래 희망으로 '크리에이터'를 선호한대. 심지어 선망의 대상으로 삼기도 해. 왜 이런 인식의 변화가 일어난 걸까? 크리에이터는 스스로 재미를 느끼는 일을 직업으로 한다는 게 가장 큰 이유일 거야. 또한 그들이 벌어들이는 수입 역시 직업 선호도와 무관하다고 할 수 없지.

유튜버 빠니보틀은 한 예능 프로그램에서 직장생활을 할 때보다 두세 배 더 벌고 있다고 말했어. 곽튜브도 제일 잘 벌 때는 한 달 수입이 평범한 직장인의 연봉 수준이라고 했고. 이렇게 유튜버들이 성공한 사례가 나오고, '부자 되는 지름길'이라는 소문이 퍼지면서 많은 사람이 유튜버에 대한 환상을 갖게 된 거지.

비교 지옥, 탈출이 답이다

유엔 산하 지속가능발전해법네트워크(SDSN)가 발표한 '2023 세계행복보고서'에 따르면 전 세계 행복지수 순위는 핀란드가 6년 연속 1위야. 한국은 57위지. 핀란드는 1인당 GNI(국민총소득)가 5만 1178달러로 한국에 비하면 1.5배나 많은 나라야. 2위~5위로 집계된 덴마크, 아이슬란드, 이스라엘, 네덜란드도 1인당 GNI가 5~7만 달러에 이르는 고소득 국가들이지. 상대적으로 저소득 국가가 많은 아프리카에서는 10점 만점인 행복도에서 6점을 넘는 나라가 없었어. 최소한의 생활이 보장되지 않은 상태에서 행복을 느끼긴 어렵다는 걸 보여 주지.

그런데 돈을 더 많이 번다고 해서 항상 행복한 건 아니래. 경제사학자 리처드 이스털린(Richard Easterlin)이 이 비밀을 밝혔어. 이스털린은 1946년부터 빈곤한 국가와 부유한 국가, 사회주의 국가와 자본주의 국가 등 30개 국가의 행복도를 연구했어. 그 결과, 소득이 일정 수준을 넘어서면 행복도가 소득과 비례하지 않는다는 현상을 발견했지. 이것이 바로 소득이 증가해도 행복은 더 이상 증가하지 않는다는 '소득과 행복의 역설(이스털린 역설: Easterlin Paradox)'이야.

소득이 늘어나는 만큼 행복도 계속 커질 줄 알았는데, 소득이 늘어도 왜 더 행복해지지 않을까? 돈이 많으면 기본적 욕구가 충족되고 삶의 질이 높아져. 자유를 느낄 수 있어서 행복을 느낄 가능성도 커지지. 솔직히 돈이 많으면 맛있는 음식도 먹고, 원하는 물건도 사고, 좋은 장소로 여행도 갈 수 있잖아. 이처럼 돈이 많으면 할 수 있는 일이 늘어나는데, 수입이 증가해도 크게 행복해지지 않는대. 이유는 바로 '사회적 비교' 때문. 어딜 가든 나보다 많이 버는 사람은 꼭 있거든. 계속해서 남과 비교하면서 행복을 잃는 악순환에 빠지는 거야. 그래서 '돈 많이 버는 직업'으로 진로를 정해 버리면 성장과 발전에서 오는 성취감을 느끼지 못해. 돈 덕분에 행복을 느끼기는커녕 오히려 불만족과 비교의 늪에 빠질 수도 있지.

행복지수가 높은 북유럽 나라들의 공통점이 뭔지 알아? 다른 사람과 비교하지 않는 문화가 깔려 있는 거래. 우리는 어때? 누가 돈을 많이 버는지, 어떤 직업이 사회적으로 대우받는지에 관심이 많아. 불필요하게 서열을 매기고 서로 비교하며 살지. 돈을 많이 벌어서 행복해지고 싶다고? 아니! 물질로 인한 만족은 끝이 없어. 행복해지기 위해서는 적성과 재능에 맞는 일을 찾아 자신에게 집중하고 하루하루 열정적으로 살아가야 해. 적성과 재능에 맞는 일을 하면서 자신에게 집중하면 남과 비교할 일이 없잖아. 그러면 '비교 지옥'에 빠지지 않고, 주어진 삶에 만족하며 살 수 있어.

세상의 모든 일은 누군가에게 도움을 주지

학생들과 적성 이야기를 나누다가 이런 질문을 받은 적이 있어.

"선생님, 저는 당근 앱에서 거래하는 게 딱 적성에 맞아요. 꾸준히 돈도 벌고 있고요. 굳이 직업 가질 필요가 있나요?"

"저는 주식 투자하면서 살 거예요. 며칠 전에도 주식으로 이백만 원 벌었어요. 한 달 월급 정도니까 굳이 일 안 해도 되잖아요!"

처음에는 장난치는 줄로만 여겼는데 그들의 눈빛을 보고서 진심이라는 걸 알았지. 왜 이런 생각을 할까? 일을 경제적인 측면에서만 바라보기 때문이야. 돈을 번다는 목적만 달성하려 한다면 그런 방법도 생각할 수 있겠지. 하지만 일이 삶에서 차지하는 의미를 따져 보면 돈이 전부가 아니야. 일의 의미는 다양하거든.

주변에서 쉽게 찾아볼 수 있는 '일'을 떠올려 볼까? 학교 선생님은 어때? 너희에게 지식을 전해 주고, 생활지도를 하고,

상담도 하면서 학생들이 학교에서 생활하며 올바르게 성장할 수 있도록 도와주셔. 미용사는 어때? 지저분한 머리를 깔끔하게 정리해서 우리의 외모를 더 낫게 만들어 줘. 가끔은 얼굴형에 맞는 스타일을 추천해서 멋지게 변신시켜 주지. 스쿨버스 기사님은 어떤 일을 할까? 바쁜 아침, 학교에 편안하게 빨리 갈 수 있도록 해주셔. 이 일들의 공통점은 뭘까? 바로 누군가에게 도움을 준다는 거야. 도움을 받는 사람들은 그 덕분에 안락하게 일상생활을 할 수 있지. 도움을 주는 사람 또한 뿌듯함을 느끼며 자기 가능성을 실현하고 잠재력을 발휘할 수 있어. 그렇게 자기 능력을 인정받거나 성공적으로 일을 마무리하면 성취감을 느끼고 자아실현도 도모할 수 있는 거야.

이렇게 이야기하면 간혹 "선생님, 저는 누구의 도움 없이도 혼자서 잘 살 수 있는데요!"라고 말하는 친구들이 있어. 그런데 '혼자' 잘 산다는 말은 원시시대 사람들처럼 모두 스스로 한다는 의미야. 산에 들어가 나무를 패서 집을 짓고, 혼자 힘으로 농작물을 재배하고, 직접 먹잇감을 사냥하고, 옷까지 만들면서 말이야. 너희들 그럴 수 있어? 우리가 사는 집은 누군가 지어 줬어. 우리가 걷는 길도 누군가 만든 거야. 학교생활도 선생님과 함께하고, 잠들 때 눕는 침대도 누군가 만들어 준 거야. 그저 돈을 내고 샀다고 생각할 수 있지만, 돈이 있어도 누군가 수고해서 만들지 않으면 어떤 물건도 살 수 없어. 결국 사람은 사회와 떼려야 뗄 수 없는 관계라는 말이야. 도우며 살 수밖에 없지. 그래서 사회에 직업이 존재하는 거야.

단순히 돈을 많이 벌기 위해서가 아니라 개인의 가치관과 목표에 맞고, 자아실현을 도모할 수 있는 직업이 더 의미가 있어. 당근 앱에서 중고 상품이나 주식을 거래하는 일이 경제적인 면을 만족시킨다 해도 일이 갖는 다양한 의미를 충족하지는 않아. 그 일을 직업이라고 부르기 어려운 이유야. 새로운 기술을 익히거나 자기 계발을 통해 능력을 향상하는 과정, 그것이 바로 우리가 생각해야 할 진로야. 아직도 진로가 어떤 의미인지 잘 모르겠으면, 스스로 이렇게 질문을 던져 보면 좋을 것 같아.

계획하고 생각한 일이 사회에 필요한 일인가?

누군가에게 도움이 되는 일인가?

그 일로 사회에 좋은 영향을 줄 수 있는가?

그 일을 함으로써 나의 가능성을 키우고, 잠재력을 발휘하며 발전해 나갈 수 있는가?

진로를 설계하기 전에 이 질문의 답을 생각하면 좋겠어. 그

대답이 결국 개인의 가치관과 목표에 맞고 자아실현을 도모하는, 사회에서 말하는 좋은 직업의 조건일 테니까. 돈을 통한 경제적 안정도 중요하지만, 그보다 더 귀중한 것들이 있다는 사실을 알아 두면 좋겠어.

= 3장 =

그나저나 우린 뭘 해서 먹고살지?

생활 여건이 향상되고 의료 및 생명공학 기술이 발전하면서 인간은 더 오래 살게 됐어. 문제는 사회가 급격하게 변화해서 하나의 직업으로 계속 살아갈 수가 없다는 거지. 수명 연장은 좋은 일일 수 있지만 더 오래 일해야 한다는 의미이기도 해. 바뀌는 사회에 따라 새로운 직업을 갖기 위해 지식과 기술을 꾸준히 습득해야 한다는 말이야. 평생직장은 사라지고, 평생 N개의 직업을 갖고 사는 시대, 이 말은 곧 평생 학습해야 한다는 뜻이야.

'워라밸' 말고 '워라블'

몇 년 전부터 회사에 다니는 사람들 사이에서 '워라밸'이라는 신조어가 유행했어. '워라밸'은 'work-life balance'의 축약어로 '일과 삶의 균형'을 의미하지. 이 단어는 1970년대 후반 영국의 여성 노동자 운동에서 처음 등장했대. 여성들이 직장과 가정에서 담당한 일을 모두 감당하려면 노동환경의 질을 개선해야 한다는 의미였지. 이를 위해 정부와 기업에서 출산휴가와 육아휴직 등 모성보호와 관련한 휴식제도를 강화하고 근무 시간을 유연하게 만들어야 된다는 거야.

우리나라는 2005년까지만 해도 주 6일제로 일했어. 토요일에도 당연한 듯 출근하고 등교했지. 그런데 주 5일제를 경험하면서 사회 분위기가 달라졌어. 평범하고 소소한 일상을 유지하는 것이 행복이고, 나아가 삶의 목표라고 생각하게 된 거야. 직장의 업무와 개인의 일상을 조화롭게 균형 잡으며 사는 삶을 지향하는 거지. 일만 하는 게 아니라 자기 일상의 소소한 행복을 더 소중히 여기는, '소확행(작지만 확실한 행복)'을 추구하는 삶을 말이야. 그런데 요즘은 '워라밸'을 넘어서 '워라블'이라는 단어가 MZ세대 사이에서 더 유행이래. '워라블'은 'work-life blending'을 의미해. 일과 삶을 잘 섞는다는 말이야. 이건 무슨 의미이고, '워라밸'과는 또 어떤 차이가 있을까?

'워라밸'은 일과 일상생활의 균형이 모토라서 업무와 휴식을 철저히 분리해. 일을 끝내고 집에 가면 바로 휴식을 취하는 식이지. 그런데 '워라블'은 업무가 끝난 후에도 업무와 관련된 일상생활을 하면서 전문성을 키우는 거야. 예를 들어 내가 여행사 직원인데 일이 끝난 뒤, 집에 가서 전문 분야인 여행 관련 콘텐츠를 제작해 유튜브에 올린다든지, 일과 관련된 영감을 얻기 위해 자료를 찾는다면, 이것이 '워라블'의 삶이라고 할 수 있어. 공공도서관 사서가 퇴근 후, 서점에 가서 어떤 책이 나왔는지 살펴보면서 업무에 시너지를 낼 수 있는 다양한 책을 읽는 것처럼 이렇게 일상에서 자기 경력에 도움이 될 만한 일을 한다면, '워라블'을 중시하는 삶이라고 볼 수 있지. 참, 이런 모든 활동은 오로지 내가 원해서 주도적으로 한다는 게 포인트야.

내가 원하는 시간에 나만의 방식으로 일하기

예전에는 회사의 일자리 형태가 흔히 정규직과 비정규직으로 나뉘었어. 그 외에 일시적으로 하는 일은 아르바이트로 불렸지. 주로 학생이나 주부가 비정기적으로 아르바이트를 했어. 아르바이트는 임시로 하는 일이기 때문에 더 나은 기회가 있으면 언제라도 그만두었지. 그래서 아르바이트가 노동의 의미를 깨닫고, 자아를 성취할 수 있는 과정이라고 생각하는 사람은 드물었어. 그런데 '워라밸'을 중시하는 사회 분위기가 형성되자 직업에 대한 젊은 사람들의 인식도 변화했어. 요즘은 아르바이트와는 다른 다양한 노동 형태가 나타나고 있지. 대표적인 것이 바로 '디지털 노마드'와 '긱워커'야.

'디지털 노마드(유목민)'는 재택이나 원격근무를 하면서 자유롭게 생활하는 사람들을 말해. 인터넷을 기반으로 한 디지털 기기(노트북, 스마트폰 등)를 이용하기 때문에 공간의 제약이 적지. 이 노동 형태는 근무 환경이 굉장히 유동적이고, 자기만의 노하우와 실력이 있어야 소득을 얻을 수 있어. 개발자, 디자이너, 인터넷 강의 강사, 온라인 쇼핑몰 같은 오픈마켓의 판매자, 1인 미디어의 크리에이터, 전업 작가 등이 여기에 해당하지. 만약 자신에게 작업을 맡겨 주는 곳이 없다면 백수가 되기 십상이야. 그 말은 반대로 이들이 소득을 창출할 만한 업무 전문성을 가지고 있는 사람들이라는 의미지.

'긱워커(Gig Worker)'는 고용주의 필요에 따라 단기로 계약을 맺거나 일회성 일을 맡아 노동을 제공하는 근로자를 의미해. 1920년대 미국 재즈 공연장에서는 급히 섭외한 단기 계약 뮤지션을 긱(gig)이라고 불렀어. '긱워커'는 여기서 나온 용어로, 디지털 플랫폼을 통해 근로자가 스스로 원하는 시간과 장소를 택해서 일을 해. 아르바이트보다 자율성이 더 강화된 노동 형태라고 볼 수 있지. 대표적인 '긱워커'는 배달 플랫폼 종사자와 차량 공유 서비스 운전자인데, 코로나19를 거치면서 그 숫자가 급증했대. 이들 중에는 실제 노동시간이 하루 1시간 정도로 짧은 경우도 많아.

이어지는 그래프는 긱워커 플랫폼인 '뉴워커'가 인크루트 회원 815명을 대상으로 2023년 10월에 진행한 설문조사 결과야. 이 그래프를 살펴보면 '긱워커'는 고용 불안정성이 꽤 높은 일인데도 불구하고 많은 사람이 긱워커 증가 현상에 대해 긍정적으로 보고 있어. 그 이유로는 '본인이 원하는 삶을 사는 것이기 때문'이라고 대답한 사람이 많았지. 결국 MZ세대는 평생직장에 얽매이지 않고, 자신에게 맞는 직업 가치관을 찾아 다양한 시도와 도전을 계속한다는 걸 알 수 있어. 또한 이런 노동 형태의 증가를 통해 회사에 소속된 월급쟁이가 줄어들고, 근무 형태와 시간이 정해지지 않은 채로 일하는 프리랜서의 시대가 올 것이라는 점도 예상해 볼 수 있지.

‘긱워커’ 인식 설문조사

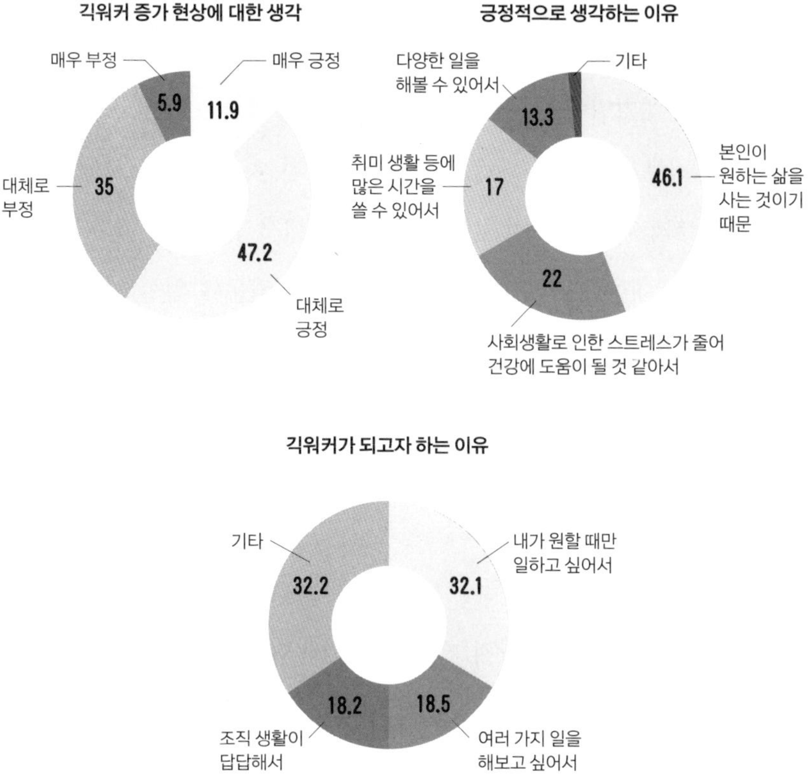

자료: 긱워커 플랫폼 뉴워커, 인크루트

‘모든 것을 알 수 없다’ = ‘가능성도 무한하다’

시대 흐름과 가치관의 변화에 따라 직업 선택의 기준이 조금씩 달라졌어. 1960년대 이전에는 사회적 평판을 중요시했기 때문에 교사, 은행원 같은 사무직을 선호했고, 빠른 경제성장을 이루던 1970년~1990년대에는 높은 보수와 승진 기회가 있는 대기업이 인기가 많았어. IMF 이후에는 고용안정을 위해 공무원, 교사가 되려는 사람이 많았지. 하지만 기존 세대와 다르게 다양한 가치가 존중받는 사회에서 유년 시절을 보낸 MZ세대는 '워라밸'을 중요하게 여기기 때문에 일할 공간이나 시간을 자유롭게 정할 수 있는 프리랜서를 선택하고 있지.

얼마 전에 서른이 다 되어 가는 제자가 찾아와 PD 일을 그만두고 배우가 될 준비를 하고 있다고 말했어. 그 용기에 응원을 보냈지만, 마음속으로는 걱정했어.

"그럼, 준비하는 동안은 어떻게 생활해?"

조심스럽게 물어봤지. 제자는 이렇게 답하더라.

"선생님, 저 프리랜서로 일하고 있어요. 회사 나와서 프리랜서로 일하니까 너무 좋아요. 제가 원하는 시간에 맞게 일할 수 있어요. 일도 하고 돈도 벌면서 배우가 될 준비를 해야죠. 다 컸는데 부모님께 경제적 지원을 받을 순 없잖아요."

내가 어릴 때는 프리랜서를 직업으로 선택하기가 쉽지 않았어. 한 회사에 고정적으로 고용된 게 아니라서 안정적이지 못하니까. 하지만 지금은 많은 사람이 프리랜서로 일하는 걸 더 선호해. 자신이 좋아하는 것을 하면서 시간을 효율적으로 활용하는 삶. 미래의 직업을 선택할 때 이런 변화를 이해하지 못하고, 옛날 생각만 하면 사회에서 도태될 수밖에 없겠지.

4차 산업혁명 시대가 되자 사람들이 인공지능을 중시하고, 기술 문명의 변화를 강조해. 인공지능이 지배하는 세상에서는 수학이나 과학을 잘해야 할 것만 같아. 그러니 문과 계열 학생들은 어떻게 살아남아야 할지 앞날이 막막하게 느껴질 수 있어. 내가 늘 강조하는 게 있는데, 좌절하면 답이 나오지 않는다는 거야. 문과로서 미래 직업 가운데 어떤 일을 할 수 있을지 오히려 더 치열하게 고민해야 하지. 문과 학생도 고를 수 있는 직업이 참 많아. 게임 시나리오 작가, 게임 기획자, 로봇 기획자가 얼른 떠오르네. 이 직업은 글쓰기 능력을 바탕으로 창의력과 소통 능력이 필요해서 문과가 접근하기에 유리할 거야. 기업이나 정부를 대상으로 한 커뮤니케이션 분야에서 소통 전문가로도 일할 수 있지. 사회학이나 심리학 지식을 활용해 사회 연구원으로 활동할 수도 있고. 그러니 좌절하지 말고 미래를 바라보는 폭넓은 시야와 종합적 사고 능력을 갖췄으면 해. 진로는 다양하게 선택할 수 있으니까, 자신의 직업 가치관에 대해 잘 생각하면서 결정하면 좋겠어.

국제통화기금(IMF)은 '생성형 AI와 직업의 미래' 연구 보고

서에서 전 세계 일자리의 40%가 AI에 노출돼 있다고 경고했어. 선진국에선 약 60%의 직업이 AI의 영향을 받을 수 있다고 말했지. 이 책을 쓰는 나 역시 미래에 어떤 직업이 나올지 예측할 뿐, 정확하게는 알 수 없어. 그러니 자신만의 기준을 세우고 미래 직업 세계의 변화를 이해한 뒤 진로 계획에 적용하여 미래를 준비해야 해.

미국인은 평생 동안 직업을 7.2회 바꾼대. 우리나라는 어떨까? 자신이 원하는 조건에 따라 10년간 평균 4회 정도 바꾼다고 해. 앞으로는 우리가 선택할 수 있는 직업이 더 많아질 거야. 그러니까 시대의 변화를 인정하고 평생학습의 시대를 이해해야 하지. 한길만 고집하며 나갈 필요는 없다는 이야기야. 왼쪽도 바라보고 오른쪽도 바라보면서 내게 맞는 길이 뭔지, 어떤 길을 걸을 때 행복과 만족을 느끼는지 생각해야 해. 언젠가 하고 싶은 일이 생겼을 때, 원하는 길로 쉽게 이동할 수 있는 마음가짐을 가지면 미래의 변화에 잘 대응할 수 있지 않을까?

2부

진로, 나와 미래
그리고 직업까지 발견하게
도와주는 지도

= 4장 =

가치관은 결국 뭘 할 때 즐겁냐는 질문

진로를 고민할 때, 가장 먼저 뭘 생각해야 할지 누군가 내게 물으면, 나는 '철학'이라고 말해. 엄숙하고 진지한 철학이 아니라 '인생에 대한 나만의 철학'이지. 그래도 철학이라는 말이 어렵게 느껴진다면 간단히 알려 줄게. 나만의 철학이란 결국 경험에서 얻은 인생관이나 세계관 같은 거야. 단어가 주는 무게감 때문에 다소 어렵게 느껴질 뿐, 복잡하게 생각할 건 없어. 그동안 경험한 것을 통해 나는 무엇을 할 때 즐거운 사람인지, 어떤 삶이 멋진지에 대한 생각을 정리해 보는 거야. 그걸 마음에 새기고 진로 선택의 기준으로 삼는 거지. 더 쉽게 말하면 나의 인생에서 가장 중요한 것을 선택할 수 있는 가치관을 세우는 것.

진로 선택의 가장 큰 힌트

가치관(價値觀)은 인간이 자기를 포함한 세계나 그 속의 어떤 대상에 대하여 가지는 평가의 근본적 태도나 관점(觀點)을 말해. "선생님, 진로를 탐색하려면 무슨 일을 하는 직업인지 정확히 알면 되지, 가치관이 왜 필요해요?"라고 묻는 친구들도 있을지 몰라. 그런데 가치관은 진로를 선택할 때 엄청난 힌트를 줘. 내가 어떤 일을 좋아하는지, 앞으로 어떤 일을 할 것인지가 가치관에 따라 달라지지. 예를 들어 내가 자기 계발을 좋아한다면 능력과 소질을 지속해서 키워 나가는 일에 관심을 가지면 좋겠지. 혹은 다른 사람에게 도움이 되고 싶다면 봉사하는 직업을 생각하면 좋을 테고 말이야. 돈을 많이 벌고 싶다면 충분한 보수를 받는 직업으로 선택의 범위를 좁힐 수 있을 거야. 원하는 일, 좋아하는 일을 고르는 것은 이처럼 다양한 가치관 속에서 결정돼. 진로를 선택하기 전에 나의 직업 가

직업 가치관과 관련 직업

직업 가치관	의미	선호하는 일	직업의 특징	관련 직업
성취	직업을 통해 자신이 세운 목표를 달성해 가는 것	자기 능력을 충분히 발휘할 기회와 가능성이 주어지는 일	경쟁심, 성취감	교수, 연구원
자율성	일하는 시간과 방식에 대해 스스로 결정하는 것	출퇴근 시간이 자유롭고 장소나 시간에 얽매이지 않는 일	자유로움	크리에이터, 프리랜서, 영업 사원
경제적 보상	직업을 통해 많은 돈을 버는 것	노력과 성과에 대해 충분한 경제적 보상이 주어지는 일	충분한 보수	운동선수, 의사, 변호사
직업 안정	한 직장에서 오랫동안 일할 수 있는 것	쉽게 해고되지 않고, 꾸준히 할 수 있는 일	안정성	교사, 약사, 기술자, 미용사
사회적 인정	자신이 한 일을 타인에게 인정받는 것	많은 사람에게 주목받고 좋은 영향을 줄 수 있는 일	긍정적 평가	판사, 교수, 연주가, 운동선수
사회적 공헌	다른 사람들에게 도움이 되는 일을 하는 것	사람, 조직, 국가, 인류에 대한 봉사와 기여가 가능한 일	봉사 정신	소방관, 성직자, 경찰관, 사회복지사
자기 계발	직업을 통해 더 배우고 발전할 기회가 있는 것	능력과 소질을 지속해서 키워나갈 수 있는 일	충분한 기회	개발자, 디자이너
일과 삶의 균형	일뿐만 아니라 삶에서도 만족하도록 둘 사이에 적절한 균형이 있는 것	'워라밸'의 가치를 실현할 수 있는 일	워라밸	교사, 교수, 화가, 조경기술사
변화 지향	업무가 고정되어 있지 않고 변화가 가능한 것	새로운 아이디어를 생각하고 표현하는 일	창의성	연구원, 개발자, 컨설턴트

치관을 정확히 따져 보고, 어떤 부분에 가치를 두고 어떤 일을 선호하는지 점검하는 게 필요해.

앞에 나온 표는 최근 한국고용정보원이 재정의한 아홉 가지 직업 가치관을 중심으로 많은 사람이 직업에서 중요하게 추구하는 가치를 설명하고 있어. 나는 어렸을 때부터 '안정성'을 무척 중요하게 여겼어. 그래서 선생님이 되면 좋겠다고 생각해 그쪽으로 진로를 변경했지. 선생님이 된 이후에는 사회적 인정에 대한 고민이 시작됐어. 너희들 표현에 따르면 '부캐'를 찾아보려고 노력한 거지. 이렇듯 직업 가치관은 하나만 콕 집어 선택하지 않아도 돼. 궁극적으로 추구하는 가치에 대한 선호도를 마음속으로 순위를 매겨 생각해 볼 수 있지. 그러면 구체적인 직업을 선택할 때 그 순위에 따라 여러 후보를 마음속에 떠올릴 수 있으니까.

고용노동부 고용정보시스템인 워크넷(www.work.go.kr)이나 한국직업능력연구원 커리어넷(www.career.go.kr)에 들어가면 무료로 직업 가치관 검사를 받아 볼 수 있어. 검사를 통해 자신의 직업 가치관을 살펴보면 구체적으로 진로를 설계할 수도 있지. 특히 커리어넷은 이 검사뿐 아니라 진로 심리검사, 진로 상담, 직업 백과, 직업인 인터뷰, 학과 정보, 진로 동영상 등 진로 선택에 도움이 되는 자료가 많아. 직업을 가상으로 체험하면서 미래의 직업도 탐구하면 좋을 거야.

직업 가치관을 카드 게임 형식으로도 알아볼 수 있어. '직업 가치관 카드'는 직업 가치관을 50가지 이상으로 세분화해 아주 자세히 탐구해 볼 수 있어. 가치관에 대한 자세한 설명과 비슷한 말, 반대말을 살펴보면서 자신의 성향에 대해 더 잘 알 수 있지. 카드 앞에 있는 QR코드를 통해 관련된 직업인의 영상을 볼 수 있어서 직업과 관련된 정보를 쉽게 얻을 수 있어. 또 인물 가치 카드를 통해 우리가 평소 알던 분야의 유명한 인물이 가진 직업 가치관에 대해 배워볼 수도 있어. 역으로 내 직업 가치관을 알면 나만의 진로를 선택하는 데 유리하겠지? 카드 게임을 통해 다양한 직업 가치관과 관련 직업을 간단히 한눈에 확인하는 거야. 그렇게 많은 직업을 넓은 시야로 바라보면 좋겠어.

내 삶에 관심이 가장 많은 사람은 나야, 나

나는 어렸을 때부터 호기심이 많았어. 이건 좋게 말한 거고, 나쁘게 말하면 변덕이 심했지. 당시에 보던 드라마에 따라 원하는 직업이 달라졌어. 파일럿, 변호사, 경찰, 호텔리어 등. 그렇게 진로 희망란에 이것저것 적는 유목민으로 살다가 고1 때

우연히 모 대학에서 발간하는 진로 관련 잡지를 보게 됐어. 거기서 펀드매니저를 소개하는 글을 읽고는 고등학교 내내 진로 희망란에 펀드매니저라고 적어 냈지. 이처럼 상황에 따라 원하는 직업이 바뀐 나와는 달리 부모님은 내가 고등학교에 다니던 3년 내내 진로 희망란에 의사를 적으셨어. 그 무언의 압박 때문에 무척 혼란스러웠던 기억이 나.

학창 시절부터 진로를 확실히 정하고 진로 희망란을 자신 있게 채우는 사람은 거의 없을 거야. 다들 그때그때 생각나는 대로 적지. 빈칸으로 두면 안 될 것 같아서 부모님의 의견을 따라 적은 경우도 많고. 그런 식으로 자기 진로 선택에 대해 어영부영 넘어가면 문제가 생길 수 있어. 내 생각과 의견을 정확하게 말하지 않다가 부모님의 의견이 내 진로 희망이 되어 버리는 경우도 종종 있어.

첫째, 부모님은 부모님의 경험을 바탕으로 조언해 주기 때문이야. 현재의 진로에 대해 과거 경험을 바탕으로 조언하면 현실과 괴리감이 클 수 있어. 내가 학창 시절을 보낼 때는 부모님이 자녀에게 교사나 공무원이 되라고 권하는 사례가 많았어. 거기에는 아마도 1997년 IMF 국제금융 위기가 큰 몫을 했을 거야. 부모님 세대가 기업의 대규모 도산과 실직 사태를 겪었기 때문에, 자식들은 중간에 퇴직을 권고당하지 않고, 무난하게 안정된 삶을 살 수 있는 공무원 같은 직업을 갖기를 원했던 거지. 직업을 선택하는 데 있어 좋아하는 일인지, 성향에 맞는지보다 안정성을 우선시했던 거야. 게다가 당시에는 회사에 다니던 여성이 임신과 출산을 겪으면 퇴사하는 경우가 더 많았어. 그러니 "여자는 교대에 가서 선생님이 되어야 해", "여자는 교사가 최고의 직업이야"라는 말이 공공연하게 돌았지. 지금은 어때? 일하면서 육아까지 해야 하는 상황에 대한 배려가 과거에 비해 좋아졌어. 아직 한계는 있지만 앞으로 더 좋아지겠지.

인사혁신처가 발표한 2023 일반공무원 봉급표에 명시된 9급 초임(1호봉) 봉급은 177만 800원이야. 이게 교사의 초임 월급이지. 그렇지만 학생들이 원하는 직업 가치관에서 '경제적 보상'은 떡하니 높은 곳을 차지해. 청소년정책분석평가센터의 '직업선택요인'에서 2023년에도 1위를 차지한 항목이 바로 '수입'이야. 부모님은 그런 부분에 대한 정보가 업데이트돼 있지 않아. 부모님이 '과거'의 경험에 비추어 너희의 진로를 선택하면, 현재 너희가 생각하는 '비전'과는 멀어질 수 있다는 걸 기억해야 해.

둘째, 부모는 대개 자식 일에는 보수적이기 때문에 열린 조언을 해주는 분이 많지 않아. 친한 친구가 우리 집에 놀러 와서 나의 부모님에게 이렇게 말했다고 생각해 봐.

"저 프로게이머가 될 거예요. 매일 열두 시간씩 게임하면서 승리하는 전략을 연구하고 있어요."

아마 우리 부모님은 친구에게 이렇게 응원해 줄 거야.

"그래, 요즘에는 뭐 하나 잘하는 게 최고라더라! 잘하는 거 하면 정말 좋지!"

하지만 내 자식 상황이라면 아마도 이렇게 말씀하실 거야.

"엄마는 인생 경험이 많잖아. 그래서 이렇게 말해 주는 거야. 모든 것은 때가 있어. 공부부터 해. 게임은 취미로 해도 돼. 너무 튀기보다는 무난한 삶이 좋은 거야."

물론 부모님 말씀이 모두 틀린 것은 아니야. 많은 경험을 바탕으로 하시는 말씀이기 때문에 부모님이 권하는 진로가 편하고 안정적으로 살아가는 지름길일 수도 있어. 하지만 적어도 내 진로를 선택할 때는 부모님의 조언에 나의 가치관, 열정, 관심사를 더해 스스로 결정하자. 내가 즐겁고 자유로운 길이 무엇인지 고민하고 결정하는 건 네 몫이어야 한다는 걸 잊지 마.

= 5장 =

뜻대로 안 될 때를 대비한 플랜 B 세우기

나는 고3 독서 시간에 주 1회 '한 학기 한 권 진로 도서 읽기'를 진행하고 있어. 자신의 진로와 관련된 책을 읽고, 발췌하고, 필사하면서 생각을 정리하는 시간이지. 고3이 공부해야지, 한가하게 무슨 독서냐고 묻는 친구들이 혹시 있을지 모르겠지만, 책을 읽어야 진로에 관련된 지식이 많아지고 자기 생각을 글로 써야 원하는 것이 무엇인지 찾을 수 있어. 또 친구들 앞에서 자기가 읽은 진로 관련 도서를 소개하는 시간을 가지면 미래를 꾸려 나가는 데 도움이 돼. 이건 단순히 진로를 파악하는 과정이 아니라 각자 책을 읽고, 글을 쓰고, 발표를 들으면서 문해력도 향상되는 훌륭한 방법이지.

'한 학기 한 권 진로 도서 읽기' 제출 자료

나를 알면 진로가 보인다

(　)학년 (　)반 (　)번　이름(　　　　　　)

1. 나의 진로와 관련 있는 분야는 무엇인가요?

2. 한 학기 한 권 읽기를 위한 나의 독서 리스트를 작성하세요.
평소 관심 있었던 책이나 진로와 관련된 책, 어느 것이나 괜찮습니다.
책을 선택한 이유를 함께 적어 보세요.

3. 선생님께 무슨 책을 읽으면 좋을지 추천받아 두기.

1)

2)

3)

4)

5)

독서는 진로 찾기에 큰 힘이 되지

'한 학기 한 권 진로 도서 읽기' 첫 시간에는 수업에 관한 오리엔테이션을 진행해. 2주 차부터 약 한 달 동안은 자신의 진로와 관련해서 '진로 도서 탐색'을 실시하지. 자신이 어떤 분야에 관심이 있는지, 그 분야와 관련해 평소 읽고 싶던 책이 무엇인지, 도서관에서 직접 검색하고 서가를 둘러보며 탐색하는 거야. 충분히 탐색한 뒤에 표로 작성해서 제출하면 내가 그 정보를 바탕으로 학생들이 자신이 세운 독서 계획을 한 학기 동안 잘 실천했는지, 어떤 발전이 있었는지 확인해서 'SNS 글쓰기'나 발표를 시켜. 그렇게 한 학기를 잘 마무리하면 그 성과를 '과목별 세부 능력 특기 사항(과세특)'에 기재하지.

새롭게 도입되는 고교학점제는 대학의 학점 이수처럼 자신이 수강하고 싶은 과목을 스스로 선택해. 한 학기 동안 학생이 그 과목을 공부하면서 어떤 발전이 있었는지 살펴본 뒤, 과목 담당 선생님이 '과세특'을 적어 주시지. 이게 시험 성적만큼이나 무척 중요해졌어. 그런데 학생들이 제출한 자료를 보다가 무척 흥미로운 점을 발견했어. 마치 짜기라도 한 것처럼 경영학과를 지원하는 학생은《경영학 콘서트》,《MT경영학》을 적어 내고, 간호학과를 희망하는 학생은《미스터, 나이팅게일》,

《처음부터 간호사가 꿈이었나요》를 써 내더라고.

책 선정에 정답이 있는 것은 아니야. 저 책들은 전공과 관련해 도움이 되는 좋은 책이고. 하지만 약속이나 한 듯 남들이 읽는 책 위주로 똑같이 고르는 건 문제야. 전공과 관련된 특정 단어가 들어간 책들만 골랐다면, 자기 전공에 대한 탐색이 충분히 이루어졌다고 보기 힘들어. 게다가 어떤 학생은 이렇게 묻기도 하더라.

"선생님, 이거 다 채워 내야 해요? 한 학기 한 권 읽기 수업인데 왜 다섯 권이나 써 내야 해요?"

처음에 '이쪽으로 진로를 잡아야겠다'라고 생각했더라도 시간이 지나면, '아닌가?' 싶은 생각이 들 때도 많아. 내 주위 사람들만 봐도 그래. 5년, 10년씩 다니던 회사를 두고 '이 일은 내 길이 아닌 것 같아'라고 고백하는 일도 있지. 그래서 늦게라도 진로의 방향을 틀어야 할지, 심각하게 고민하는 사람이 많아. 그러니까 다른 진로의 가능성도 생각하면서 독서를 통해 플랜 B를 준비하라는 의미야. 플랜 B가 있으면 마음에 여유가 생기고, 계획이 틀어졌을 때 불안하지 않아. 오히려 그런 상황에서도 자신감을 가질 수 있지.

꿈은 많을수록 좋아, 아예 없는 게 문제지

"선생님, 저는 1학년 때 경찰학과로 진로를 선택해서 그것과 관련된 책만 읽었어요. 경찰학과에 맞춰서 체험하고 보고서 써서 과세특도 그렇게 적혀 있어요. 그런데 저 진로를 법학과로 바꾸고 싶어요. 어떡해요? 생기부가 이미 경찰학과로 다 세팅이 되어 있는데요. 대학 갈 때 불리하지 않을까요? 지금까지 쓴 대로 그냥 경찰학과에 가는 게 나을까요?"

이 친구처럼 괴로워하는 친구들이 생각보다 무척 많아. 진로를 정해서 학교생활기록부(이하 '생기부')에 쓰고 나면 평생 그 길을 가야 하는 게 아닐까, 하고 생각하는 거지. 내가 학생일 때만 해도 생기부는 형식적인 기록일 뿐, 대학 가는 데 엄청난 영향을 끼치지는 않았어. 그런데 이제는 생기부에 적히는 이 모든 기록을 중요하게 생각할 수밖에 없지. 2024학년도 대입만 보아도 수도권에 있는 대학의 수시 비율이 60%를 넘었고, 비수도권은 80%가 넘기 때문이야. 그러니 이 친구처럼 어느 순간 '이게 아닌가?' 싶은 생각이 든다면 난처할 수밖에 없어. 처음부터 고민을 거듭해 진로를 결정했고, 일관되게 자기 경험을 쌓아 왔더라도 살다 보면 바뀔 수도 있는 거야. 그런데 '혹시라도 진로를 번복하면 대학 입학에 불이익을 받지 않을까?' 하는 걱정 때문에 진짜 꿈을 포기하는 친구들이 너무 많아.

하지만 크게 걱정하지 않아도 돼. 대학을 졸업하고 회사에 한참 다닌 어른들도 중간에 진로를 바꾸기도 해. 게다가 학창 시절은 진로를 결정하는 시기가 아니고, 탐색하는 시기이기 때문에 당연히 그럴 수 있어. 무엇보다 대학에서는 생기부를 통해 고1 때 진로를 정해서 고3까지 일관되게 쭉 이어 가고 있느냐를 보지 않아. 자신이 세운 목표를 달성하기 위해 교과 수업에서 어떤 탐구 과정을 수행하고 있는지, 이외의 활동에서 어떤 노력을 하고 있는지에 초점을 두고 살펴보는 거지. 어떤 생각으로 현재의 진로를 선택했는지, 자신의 목표를 위해 어떤 노력을 하는지 '현재형'으로 확실하고 자신 있게 보여준다면 중간에 진로를 변경해도 괜찮아. 괜히 두려움 때문에 이 길이 아닌 것 같으면서도 그냥 나를 끌고 가는 것이 장기적으로 훨씬 큰 문제가 되는 거지.

플랜 B는 기존의 계획이 통하지 않았을 때, 상황이 변했을 때 등 예상치 못한 사태에 대비하려고 준비하는 '대체 계획'을 의미해. 기존의 계획을 지칭하는 '플랜 A'의 상대되는 표현으로 쓰이고, 일상생활에서도 대안이나 차선책 대신에 자주 사용되는 단어야. 기존의 목표 말고 다른 새 대체 목표를 설정하는 것을 말하지. '아니, 한 우물만 파도 될까 말까인데 문어발을? 위험하지 않을까?' 물론 그렇게 생각할 수도 있지만 미래는 예측할 수 없지. 우리 관심사와 열정 또한 시간이 지나면서 당연히 변할 수 있어. 게다가 앞으로는 평생직장이라는 단어 자체가 사라질 거야. 평생 학습을 하며 다양한 직업을 갖게 될 거거든. 내가 고르는 선택지는 단 한 개가 아니라는 말이야. 그게 여러 가지라면 '이게 아니면 다른 선택권이 있으니 너무 조바심 내지 말자!'라고 스스로 말해 줄 수 있겠지. 얼마든지 다른 길로 갈 수 있다는 안정감이 들면 일상 속에서도 자신감이 생길 수밖에.

간혹 플랜 B를 원래 목표를 포기하는 걸로 생각하기도 해. 하지만 플랜 B는 오히려 변화되는 상황에 효과적으로 대응할 수 있도록 준비하는 태도로 보는 게 맞아. 초기 계획대로 안 풀리더라도 좌절감에 빠지지는 않게 해주는 거지. 내가 갈 수 있는 여러 길이 있다면 우리가 일상을 대하는 태도 역시 눈에 띄게 달라질 거야. 그럼, 플랜 B를 세우려면 무엇을 해야 할까?

중요한 것은 꺾이지 않는 마음

첫 번째로는 다양하게 경험하는 거야. 정답을 하나가 아니라 여러 개 만드는 거지. 다시 말해 선택지가 늘어나고 대안이 있으면? 여유가 생겨. 내가 선택한 길이 하나면 오직 그것에만 매달리게 되고, 뭔가 잘못되면 자신을 미워하고 원망하지. 문제는 어떻게 대안을 만들 수 있느냐는 거야. 길을 여러 갈래로 만들려면 실제로 경험해야 해. 밖에서 보는 것과 그 안의 현실은 다를 때가 많거든. 몸으로 체험하면서 알아가면 진로에 대해 더 넓게 생각할 수 있겠지?

나는 대학생 때, 패밀리 레스토랑에서 아르바이트했어. 단정하고 예쁜 유니폼을 입고 즐겁게 일하는 모습이 부러워서 지원했었지. 그런데 현실은 그렇지 않았어. 주방은 늘 전쟁이었고, 요리사도 아닌 내가 그날 레스토랑 메뉴에 사용될 레몬을 썰거나 식재료를 준비해야 했지. 예상과는 다른 일도 해야 했던 거야. 평소 나는 서비스업에서 일하는 것을 동경했는데, 실제로 일하면서는 이 일이 나와 안 맞다는 생각이 들었어.

한번은 학원에서 학생들을 가르치는 아르바이트를 한 적이 있어. 나는 학창 시절에도 주위 친구들에게 수학 문제를 풀어주는 걸 좋아했기 때문에 이 일은 힘들기보다는 재미있었지. 학생들도 나를 잘 따랐고, 매일 출근하는 것도 즐거웠어. 그때 처음으로 가르치는 일이 내 적성에 맞는다는 것을 알게 됐어. 진로로 교사라는 직업이 어떨지 고민했지. 플랜 B로 교사도 괜찮겠다는 생각을 갖게 된 거야. 또 다른 아르바이트 경험도 있어. 방학 동안 국회도서관에서 인턴으로 일한 적이 있지. 평소 도서관을 좋아해서 사서 일도 좋아할 수 있을지 대학 4년간 늘 치열하게 고민했는데, 그 부분을 경험으로 검증하고 싶었어. 나는 문헌정보학을 공부했지만 사서는 심심하고 고리타분한 직업이라는 생각을 가지고 있었거든. 도서관에서 일한 경험은 어땠을까? 국회도서관에서 인턴으로 일하면서 서가 배열을 보고, 이용자에게 정보서비스(참고 봉사)를 직접 제공하면서 사서 일의 재미를 느끼게 되었어! 도서관에서 일해도 좋겠다는 결론을 내렸지. 많은 경험은 이처럼 진로에 대한 고민에 깊이를 더해 줘. 다양한 선택지가 있다는 것을 알고 나면 진로에 대한 자신감이 높아지는 거야. 좌절이나 압박, 두려움도 줄일 수 있지.

두 번째는 포기하지 않는 마음이야. 요즘 유행하는 말로 '중꺾마(중요한 것은 꺾이지 않는 마음)'를 말하는 거지. 플랜 B가 불안함을 없애 준다지만, 실제로 목표를 달성할 때까지 우리는 막연함에서 비롯되는 불안을 느낄 수밖에 없어. 아무리 준비해도 미래에 대한 확답을 받을 수는 없으니까. 하지만 불안에 휩싸여 새로운 것에 도전하지 못한다면 그야말로 어떤 발전도 없는 최악의 상황이 돼 버리지. 이것저것 시도하고 여러 가지를 도모하다 보면 예상하지 못했던 기회를 만날 수 있어. 나도 사실 불안감이 무척 높은 사람 중 한 명인데, 이 불안을 떨쳐 내기 위해 나름대로 생각을 정리해 두었어. 불안은 익숙한 것이 아니라 새로운 것에 도전하기 때문에 느끼는, 자기 발전을 위해 꼭 필요한 감정이라고 규정지은 거야. 불안을 이겨낸 '꺾이지 않는 마음'이야말로 우리가 목표를 이뤄 나가는 데 가장 중요한 감정이라는 걸 잊지 말았으면 좋겠어.

우리는 쓸모로 판단할 수 없는 소중한 사람들

"부상으로 꿈을 접어야 했을 때, 쓸모없는 인간이라는 생각 때문에 힘들었어요."

10년 전 졸업한 제자와 이야기를 나누다가 그의 초등학생 때 이야기를 들었어. 유망한 태권도 선수였는데 중학생 때 부상으로 운동하기 힘들어졌고, 중학교 3학년이 되자 아예 운동을 그만둬야 했지. 그때 힘들었던 건 운동을 못 한다는 것보다 자기가 쓸모없는 인간이 된 것 같은 좌절감이었대. 그동안 운동만 했으니 할 수 있는 일이 아무것도 없어 보였던 거야. 그러다 어느 날 '연극과 영화를 좋아했던 나', '사진 찍는 걸 좋아했던 나'를 조금씩 떠올리면서 플랜 B를 세우게 되었대. 그 제자는 지금 프리랜서 PD로 일하면서 플랜 B를 넘어 플랜 C를 세우고 있어. 자신이 정말 좋아했던 연극 무대에 직접 서기 위해 배우가 될 준비를 하고 있어.

초기에 선택했던 진로를 방해하는 예기치 못한 일이 생길 수 있어. 그때 너희가 이제 나는 망했다며 너무 크게 좌절하지 않았으면 좋겠어. 그보다는 다양한 경험을 하며 탐구하고 노력하는 열정을 가지면서 새로운 성장 기회를 엿보는 게 어떨까. 그거 알아? 우리의 뇌를 촬영하면 문제를 잘 풀 때보다 오히려 잘 풀지 못하고 실패했을 때 뇌가 더 활성화된대. 계속 실패하더라도 우리의 뇌는 잠재력을 발휘할 거야. 실패할수록 잠재력을 발휘하는 뇌를 믿고 가보자고. 우리에게는 다른 길을 선택할 수 있는 많은 시간과 열정이 있으니까.

= 6장 =

좋아하는 일 vs 잘하는 일

‘직업’이라는 말은 진로에서 빼놓을 수 없는 단어야. 누군가에게는 목적이 되는 단어이기도 하지. 그런데 이 단어에는 전혀 다른 의미가 포함돼 있어. 직업에 대해서 고민하기 이전에 ‘직(職)’과 ‘업(業)’이 뭘 의미하는지 살펴보면 좋을 것 같아.

직일까? 업일까? 직업일까?

직(職)은 임무나 관직을 의미해. "난 삼성전자에 취직할 거야", "나 현대자동차 다니잖아", "사촌 동생이 구글에서 일한다고?" 이런 말은 어떤 조직에 소속돼 있는지 보여줘. 많은 사람이 주어진 일에 충실하고, 돈이나 타이틀을 향해 직진하는 이유도 바로 이런 직(職)을 중요시하기 때문이라고 볼 수 있어.

그렇다면 업(業)은 뭘까? 바로 그 조직 안에서 자신이 맡고 있는 핵심 역량을 말해. 어떤 조직에 속하지 않더라도 사라지지 않는 무형자산이지. 잠재력이나 몰입된 능력 같은 거라고 보면 될 거야. 혹은 '이루고 싶은 일'이라고도 볼 수 있지. 내가 교사를 그만둔다고 해도 가르치고자 하는 마음이나 학업 상담 능력, 글쓰기 지도 역량은 사라지지 않아. 그리고 이 업(業)을 토대로 이런저런 새로운 직(職)을 선택할 수도 있지. 예를 들어 문화센터나 도서관에서 학부모를 대상으로 강연하거나 온라인으로 학생 대상 글쓰기 강의를 할 수 있어. 지금처럼 작가와 독자로 너희들과 만날 수도 있고.

이 둘 중에 어떤 게 중요할까? 많은 사람이 '직'과 '업'이 동시에 딱 들어맞아야 이상적이라고 생각해. 그래서 둘을 붙여 '직업'이라는 단어로 사용하는 것 같아. 하지만 '직'과 '업'이

동시에 이루어지려면 자신이 좋아하는 일을 직업으로 가지며 현실에 만족하는 삶을 살아야 하는데, 이건 쉬운 것 같으면서도 어렵고 이상적인 일이야.

주어진 일에 안주하며 '직'을 지키기 위해 직진해야 할까? 아니면 가장 만족하고 즐거웠던 일, 보람 있게 생각했던 일을 떠올리며 진정한 '업'이 무엇인지 고민해야 할까? '업'의 방향성을 고민하다 보면 자신이 가야 할 길을 명확하게 확인할 수 있을 거야. 퇴직은 있지만 '퇴업'은 없어. 이처럼 '업'은 우리의 평생 직업과도 연관되는 것이지. 그러니까 '직'보다는 '업'을 추구해야 많은 직업을 가지며 살아갈 미래 사회에서 조금 덜 불안하고, 더 잘 적응하며 지낼 수 있어. 그리고 그런 '업'의 대표는 바로 '덕후'야.

'덕후'는 일본어 '오타쿠[御宅]'를 한국식으로 발음한 '오덕후'의 줄임말로, 1970년대에 일본에서 등장한 신조어야. 본래는 '집'이나 '댁(당신의 높임말)'이라는 뜻이었는데 이 의미가 확장되면서 집 안에만 틀어박혀서 취미 생활을 하는, 사회성이 부족한 사람이라는 의미로 사용되었어. 과거에는 이 단어가 비호감의 상징이었지. 특히 어른들은 그런 모습을 보면 "그거 해서 밥 먹고 살겠니?", "취미가 밥 먹여 줘?"라는 말을 내뱉으며 '덕후'가 하는 일은 비생산적이고 낭비적인 활동이라

치부했어. 하지만 지금은 취미가 진짜로 밥을 먹여 주는 시대가 됐어. '덕후'라는 말도 이제는 어떤 분야에 몰두해 전문가 이상의 열정과 흥미를 지닌 '특정 분야 전문가'라는 무척 긍정적인 의미로 사용되고 있지.

덕후가 하는 활동을 가리키는 '덕질' 역시 삶에 원동력을 불어넣고, 개인의 능력이나 커리어 발전에 양분이 될 수 있다고 재평가되었어. 이유가 뭔지 알아? 이렇게 뭔가에 푹 빠져 있는 사람이 직접 상품을 개발하거나 비즈니스로 연결해 성공하는 사례가 많아졌기 때문이야. 예를 들어 반려견 훈련사인 강형욱 씨는 어렸을 때 강아지 농장을 운영하던 부모님 덕분에 중학생 때부터 반려견을 훈련시켰대. 강아지를 보살피면서 겪은 다양한 경험과 반려견을 사랑하는 마음으로 그는 반려견 행동 전문가가 되었어.

우리나라에 종이비행기 국가대표가 있는 거 알아? 이정욱 씨는 어렸을 적 종이비행기에 푹 빠져서 15년 동안 2만 개가 넘는 비행기를 접어 날렸대. 결국 국가대표 자격까지 얻어 세계대회에 참가했고, 세계에서 종이비행기를 가장 오래 날린 인물로 기네스북에도 올랐지. 바로 이런 걸 '덕업일치'라고 해. 이렇게 덕업일치를 이루며 경력을 쌓고 있는 MZ세대가 늘고 있어. 왜냐하면 그들은 어떤 것보다도 행복한 삶을 중요하게 생각하거든.

덕업일치야말로 진로의 핵심

페이스북의 CEO이자 세계 최연소 억만장자로 유명한 마크 저커버그는 어렸을 때부터 컴퓨터 덕후였어. 누가 가르쳐 주지 않았는데 혼자 힘으로 소프트웨어 프로그램을 개발했지. 열한 살에는 아버지가 운영하는 치과의 사무용 프로그램을 개발했고, 고등학생 때는 음악 재생 프로그램 '시냅스'를 만들기도 했어. 이 프로그램은 마이크로소프트와 AOL에서 인수 제안을 했을 정도였대. 하지만 저커버그는 제안을 거절하고 하버드대학교에 진학했어. 거기서 페이스북을 만들었지. 초기의 페이스북은 하버드대 학생들만 이용할 수 있는 작은 커뮤니티 같은 프로그램이었는데, 점차 지역과 사용자가 확대되었고, 지금은 전 세계인이 사용하는 SNS가 되었지.

웹툰 작가 무적핑크는 어린 시절에 이집트 역사에 푹 빠져 지냈어. 이집트 역사를 소재로 한 만화책은 너덜너덜해질 때까지 읽었대. 그만큼 역사 만화를 좋아하고 한국 역사도 좋아했는데, 특히 조선의 제22대 왕 정조의 팬이었대. 얼마나 좋아했냐면 '포레버탕평'이라는 정조 팬클럽까지 만들었지. 이

팬클럽은 정조를 사랑하고, 수원 화성 축조를 지지하며, 사도세자 추숭에 찬성하는 사람들이 모인 클럽이야. 역사에 대한 이런 '덕력'은 바로 그의 작품《조선왕조실톡》에서 발휘되었어. 이 웹툰은 조선시대 태조 이성계부터 그 뒤를 이은 왕들까지 왕위 계층 나름의 속사정과 에피소드를 개연성 있게 현대적으로 풀어낸 작품이야. 원래《조선왕조실록》은 학자들이나 만나는 어려운 기록물이거든? 그런데 무적핑크는 허구의 이야기에 재미 요소를 가미해 많은 사람이《조선왕조실록》의 내용을 만날 수 있게 했지.

주위를 살펴보면 덕업일치의 주인공이 무척 많아. 나 역시 어렸을 때부터 서점이나 도서관에서 책을 읽거나 글쓰기를 좋아했어. 전문적으로 글쓰기를 배워본 적은 없지만, 생각을 정리하고 감정을 구체화하는 글을 꾸준히 썼지. 덕분에 나는 말과 글을 전보다 훨씬 가볍게 다룰 수 있게 되었고, 책이 가득 찬 도서관이라는 공간에서 사서교사로 독서를 지도하며 좋아하는 일을 하고 있어. 좋아하는 일을 한다고 해서 누구나 많은 돈을 버는 것은 아니지만 공식적으로 인정받고, 수입까지 얻는 덕질을 하는 셈이지.

"좋아하는 것은 취미로 남겨 두고 직업으로 삼지 말라"라는 직업에 관한 유명한 조언도 있어. 취미가 직업이 되면 전과 달리 즐거움을 느끼기 어려워진다는 거지. 어느 정도는 맞는 말이야. 나 역시 좋아하던 글쓰기를 직업으로 하면서 이전과는 글 쓰는 마음이 달라졌어. 독자층을 고려해서 글을 써야 한다는 허들이 생겼고, 언제까지 마무리해야 한다는 마감일의 압박을 받기도 하니까. 하지만 세상에 그렇지 않은 직업이 존재할까? 모든 직업에는 어려움이 있잖아. 그러니 우리는 취미를 좋아하는 취미 자체로 그냥 둘지, 그것을 발전시켜 삶과 노동의 영역으로 끌어올지 선택해야만 해. 싫은 일을 매일 하면서 주말과 월급날만 기다리고, 월요일이 되면 지긋지긋한 일터로 꾸역꾸역 나를 보낼지, 가능하면 즐겁게 일하면서 하루를 보낼지, 둘을 두고 고민하다 보면 답이 나오겠지?

좋아하는 것 안에서 내 직업 찾기

이쯤 되면 질문이 생길 거야. "내가 좋아하는 것을 어떻게 직업과 연결할 수 있어요?" 같은 질문. 월급을 빼놓고 담백하게 일 자체만 찾으면 취미를 직업으로 연결할 만한 일이 무척 많을 거야. 하지만 자본주의 사회에서 자원봉사가 아니라면 돈을 빼놓고 직업을 말하는 사람은 없지. 우선 좋아하는 게 뭔지 고민하고, 그 후에 나의 직업 가치관과 연결되는 어떤 직업을 찾아보는 방법도 나쁘지 않아.

먼저 좋아하는 것, 잘하는 것을 머릿속에 떠올려 봐. 내가 무엇을 좋아하는지 생각해서 직접 적어 보는 게 좋아. 아니면 주변 사람들이 나에 대해 말했던 것을 기억해 내는 것도 좋아. 나를 예로 들어볼게. 나는 드라마나 영화 보기를 좋아하고 작품의 내용이나 결론과 관련해서 비전문가의 칼럼을 찾아보는 것을 좋아해. 도서관이나 서점에서 책 구경하는 것도 좋아하지. 특히 책과 관련된 굿즈, 예를 들면 문진이나 독서대, 독특한 책갈피, 북커버 등을 열심히 사 모으는 편이야. 주제나 분야를 가리지 않고 책을 읽고 좋은 내용은 인덱스를 붙여 발췌해. 그걸 필사하기도 하고, 읽은 책에 대한 감상을 블로그와 SNS에 올리는 나름의 독후 활동을 즐기지. 다 읽은 뒤 인덱스가 가득 붙은 책을 볼 때면 완독했다는 것에 엄청난 성취를 느껴. 그래서 또 다른 책을 읽고 싶어 하지.

이처럼 좋아하는 장소나 좋아하는 것, 내가 소비하면서 기쁨을 느끼는 것, 자주 하는 행동 등을 적어 봐. 그러다 보면 결국 그것들을 모두 포괄하는 상위 개념에 도달하게 돼. 그 상위 개념은 하나일 수 있고, 여러 개일 수도 있어. 사실 여러 개라면 더 좋겠지. 그만큼 나의 '부캐'가 될 만한 게 많다는 이야기니까. 내가 좋아하는 걸 구체화해서 상위 개념을 도출하면 그것이 바로 나의 덕질과 무관하지 않다는 것을 알게 될 거야.

이렇게 적은 걸 가지고 지금 당장 미래 직업을 선택해야 한다는 말은 절대 아니야. 그 부분과 관련해서 경험의 기회가 왔을 때 놓치지 않도록 좋아하는 것, 관심 있는 것의 목록을 만들어 두자는 이야기야. "나는 책과 관련된 것을 좋아해!"라는 사실만 스스로 인지하고 있어도 우리의 일상에서 주어진 많은 기회를 나도 모르게 놓치는 실수를 줄일 수 있어.

다음은 좋아하는 그 마음을 구체화해야 해. 《10대를 위한 완벽한 진로 공부법》에 나온 '5-5-5 법칙'을 소개할게. 조금

즐겨 하는 취미
영화·드라마 시청
책 구경
칼럼 읽기

자주 사는 물건
필사할 펜·노트
북마크
인덱스

좋아하는 장소
도서관, 서점
북카페

자주 하는 일
독서, 필사
SNS 글쓰기

책

변형해서 자기에 맞게 선택적으로 실천하면 좋을 거야. '5-5-5 법칙'은 세 가지야. 평소 관심 있는 분야의 전문가를 다섯 명 만나기, 관심 분야의 책 다섯 권 읽기, 관심 분야의 유튜브 다섯 개 시청하기. 간단하지? 가장 중요한 전문가 다섯 명 만나기가 물리적으로 어려울 수 있어. 대신 전문가(혹은 전문 분야)의 블로그나 방송, SNS를 즐겨찾기 해놓고 보며 온라인으로 접하는 것은 가능해. 나는 이 방법을 추천해. 나는 작가이자 평론가인 이동진 작가와 김중혁 소설가를 좋아해. 지금은 종영한 도서 소개 팟캐스트인 '이동진의 빨간책방'을 열심히 들었지. 그 후에도 꾸준히 이동진 작가의 블로그에 들어가서 그의 글을 읽으며 평론이 뭔지, 매력적인 글쓰기는 무엇인지 배울 수 있었어. 또 책을 둘러싼 다양한 이야기를 전하는 김겨울 작가의 유튜브 '겨울서점'에서는 작품에 대한 분석을 들을 수 있어. 작가의 한 줄 평을 들은 뒤 나만의 독서 계획을 세우기도 하지.

최근에는 황선우 작가의 인터뷰집인 《멋있으면 다 언니》라는 책도 읽었어. 이 책은 자기 분야에서 한 획을 긋고 있는 현재진행형 멋진 언니들의 인터뷰를 담고 있어. 인터뷰이(interviewee, 인터뷰를 받는 사람)에게 관심을 두고 따뜻한 시선으로 사려 깊게 대화를 이끌어 가는 그녀의 매력에 흠뻑 빠졌지. 이렇게 나의 관심사와 연결된 전문가들의 일상을 들여다보면 내가 평소 경험하지 못했던 일을 간접적으로 경험하면서 폭넓게 세상을 바라보는 관점을 가지게 돼. 그런 순간이 모이면 '내가 정말 하고 싶은 것'에 대해 구체적인 생각을 해볼 수 있지. 이때, 생각만 하면 금세 휘발되니까 마인드맵을 그리는 게 좋아. 항상 머릿속에만 머물렀던 생각을 구체화하면서

마인드맵 예시

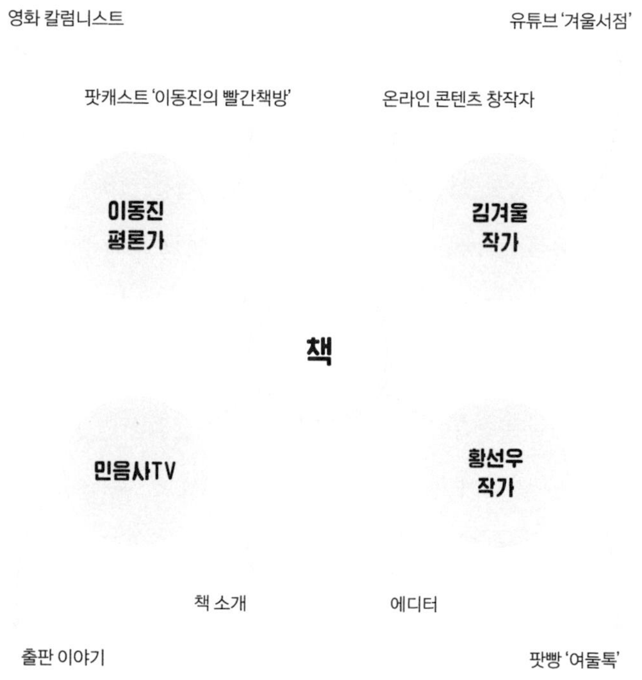

좋아하는 것을 새로운 시선으로 바라보면 좋겠어.

눈치 보지 말고 뭐든 한번 푹 빠져 봐

뭔가 좋아하는 마음에 대해 공감하면 좋겠어. 우리는 지금까지 자라면서 무엇이든 좋아하는 마음을 제대로 경험하지 못한 것 같거든.

내가 가르치는 학생들에게 뭘 하고 싶은지 물으면 대부분은 하고 싶은 게 없다고 말해. 잘하는 게 혹시 있냐고 물어도 없다고 하지. 뭘 할 때 가장 즐겁냐고 물으면? 잠시 생각하다가 역시나 잘 모르겠다고 이야기해.

나는 무기력한 이 대답이 잘못됐다고 생각하지 않아. 왜냐하면 이제까지 우리는 어른들의 질문에 항상 정답을 말해야 한다는 압박을 받으며 살았거든. 정답을 모르면 입이 잘 안 떨어지잖아. 대답하기 싫어지고. 이거 정말 뜬금없는 이야기지만, 모든 게 너무 막연하고 답답한 순간에는 '아무튼 시리즈'를 읽어 봐. 떡볶이, 문구, 싸이월드, 요가, 양말, 순정 만화, 달리기 등 '생각만 해도 좋은 한 가지'를 골라 그 안에서 소중한 기쁨을 느끼는 이야기를 담은 책이야. 이 책은 다른 사람 눈치 같은 것 보지 않고, 무엇과도 상관없이 내가 좋아하는 감정을 그대로 받아들인다는 의미로 쓰인 거라서 나는 '아무튼'이라는 단어를 볼 때마다 흐뭇해져. 나도 같이 '내가 좋아하는 것에 대한 마음'을 맘껏 발산하고 싶더라고.

자신이 세워 놓은 장벽을 허물고, 아주 사소하고 작은 것에서 삶의 의미와 재미를 찾아가는 이야기를 읽어 봐. 그런 마음에 대해 공감하면 뭔가를 좋아하는 순수한 열정과 즐거움에 대해 자신에게 더 솔직해질 수 있을 거야. 그것이야말로 덕업일치로 가는 지름길일지도.

"좋아하는 일을 해야 하나요, 더 잘할 수 있는 일을 해야 하나요?"

진로를 고민하는 학생들에게 가장 많이 받는 질문이야. 좋아하는 일을 하면 행복할 것 같은데, 잘할 수 있을지 성공에 대한 자신이 없어. 잘하는 일을 하면 조금이라도 더 내가 생각하는 방향으로 나아갈 수 있을 것 같은데, 행복하고 즐거울지에 대한 확신이 없지. 갈팡질팡하며 고민할 수밖에 없어. 누군가는 좋아하는 일을 하다 보니 더 잘하게 되었다고 하고, 또 다른 누군가는 잘하는 일을 해서 번 돈으로 좋아하는 일을 한다고 하니까, 정답은 없을 수밖에. 사람마다 가치관에 따라 정답이 달라질 거야.

나는 '좋아하는 것'과 '잘하는 것'을 탐색하는 시간을 충분히 가져야 한다고 강조하고 싶어. 선택은 나중에 해도 늦지 않아. '나'에게 집중하며 천천히 '나'를 돌아보는 시간부터 갖길 바라. 그러다 보면 '이 길이 내 길이 아닌가?'라는 생각도 들 수 있는데, 그것은 늦어지고 돌아가는 것이 아니라 아주 잘 가고 있는 거야. 자기 길이 아니라는 걸 발견하는 것도 의미 있는 거거든. 그렇게 무언가를 좋아하는 마음을 깊숙이 들여다보고 시행착오를 겪다 보면 너희가 그 일을 좋아하고 재미있다고 생각하는 진짜 이유를 깨달을 거야. 그 이유를 또 들여다보면 자기가 어떤 일을 하고 싶은지 조금 더 찾기 쉽겠지. 그 마음을 믿어 보자고.

좋아하는 것을 떠올리고, 이를 포괄하는 상위 개념을 써 보자.

즐겨 하는 취미 **자주 사는 물건**

좋아하는 장소 **자주 하는 일**

활동 2 : 앞서 뽑은 상위 개념을 가운데 쓰고, 그 개념과 관련된 전문가(혹은 전문 분야)를 조사해서 구체화하자(전문가가 운영하는 유튜브나 SNS도 좋고, 전문가의 직업과 관련된 단어, 전문가가 하는 일 등 생각을 자유롭게 확장하자. 그 속에서 도전하고 싶은 일, 할 수 있는 일에 대한 힌트를 얻을 수 있다).

마인드맵 적어 보기

= 7장 =

대학이 인생의 목표라면 멈춰

아이폰을 만든 스티브 잡스, 마이크로소프트를 만든 빌 게이츠, 페이스북을 만든 마크 저커버그 이 셋의 공통점이 뭘까? 바로 대학 중퇴자라는 점이야. 만약 우리나라였다면 이들에 대한 시선이 어땠을까? 대학 중퇴자는 고졸이라서 한국의 IT 기업에서는 대우받기가 쉽지 않아. 하지만 미래를 선도하는 유명한 IT기업이 몰려 있는 실리콘밸리에서는 대학 중퇴가 어떤 흠도 되지 않았어. 이론보다 현장의 실무 체험을 중시하고, 학벌로 사람을 재단하지 않는 융통성을 가진 사회였기 때문이지. 덕분에 그들은 학위를 받는 데에 시간을 쏟아붓지 않고 계속해서 혁신을 만들고, 그것을 성장 동력으로 삼아 자신의 꿈을 펼치며 신기술을 일궈 냈어. 급변하는 시대에 학벌이나 학력보다 중요한 것은 경험으로 다져진 실력이라는 것을 증명한 셈이야.

'중2병'보다 무섭다는 '대2병'

"고등학교만 졸업하면 지긋지긋한 공부랑은 담쌓고 신나게 놀 줄 알았는데, 더 힘들어요."

고등학생이라면 다들 적성에 맞는 진로, 희망하는 진로를 고민하기보다 부모님의 의지 혹은 성적에 맞춰 대학에 갈 생각으로 입시에만 매달릴 거야. 대학에만 입학하면 모든 게 해결된다고 말하지. 정말 그럴까? 사실 대학 생활도 고등학교 생활과 크게 다르지 않아. 대학생도 학생이니까 당연히 공부니, 과제니 하는 걸 해야만 하거든. 전공 공부가 시작되는 대학교 2학년이 되면 많은 학생이 고민해. '내가 이 전공으로 사회에 나가 직업을 가질 수 있을까?' '이 전공과 관련된 일을 하면서 즐겁게 살 수 있을까?' '내가 진짜 하고 싶은 건 뭘까?' 취업의 어려움을 간접적으로 경험하면서 미리 우울함을 느끼는 거야. 불확실한 미래를 두려워하고 취업에 대해 걱정하는 대학교 2학년 학생들의 불안한 심리적 상태를 '대2병'이라고 불러. 중학교 2학년 사춘기 학생들이 흔히 겪는 심리적 상태를 뜻하는 '중2병'에서 파생된 말이지.

'대2병'을 앓게 되면 다양한 증상이 나타나. 무기력하고, 자신감과 자존감이 떨어지지. 대학만 가면 해결된다던 어른들의 말과 달리, 해결은커녕 그때부터 진짜 선택의 시간이 다가오거든. 이제 와 전공이 자기 적성에 잘 맞지 않는다고 생각하면 앞이 캄캄한 거야. 다시 돌아가야지 생각하면 용기가 안 나고, 또 어디로 가야 할지 모르겠고, 용기 내어 돌아가자니 다른 사람보다 뒤처질까 봐 두렵고, 암담하지.

부모님의 강요로 전공을 선택해도 마찬가지야. 실제로 나의 오빠는 의대생이었을 때 내게 해부학 시간 이야기를 해주며 힘들다고 말했어. 오빠는 성적이 좋아서 어렸을 때부터 "너는 의대 가서 의사가 돼야겠다!"라는 주변의 기대가 있었어. 그런데 막상 대학에 가서 의사가 되는 수업을 받았더니 자신과 너무 안 맞는 일이었던 거야. 좋아하는 일이라도 잘 못하면 큰 스트레스를 받는 세상인데, 하기 힘든 일을 직업으로 삼으면 어떤 일이 벌어질 것 같아? 예를 들어 걸 그룹 지망생에게 무대공포증이 있다면? 가수가 됐는데, 노래 부르기가 싫다면? 프로게이머가 하루 종일 게임만 하는 것을 지겨워한다면? 수의사가 만약에 속으로는 동물을 무서워한다면 말이야. 취미도 아니고 직업인 까닭에 이 난관을 계속해서 맞닥뜨려야 하는데, 그건 엄청난 스트레스일 거야. 즐기지 못하니 당연히 잘할 수도 없겠지.

결국 나의 오빠는 굉장한 용기를 내서 처음으로 돌아갔어. 자신이 잘할 수 없는 것은 과감하게 그만뒀지. 남들 보기에 꽤 늦은 나이에 자신이 뭘 하고 싶은지 진지하게 생각하고 새로운 진로를 결정했어. 지금은 자기가 하고 싶던 일을 하며 즐겁고 행복하게 살아. 학창 시절 내내 의대에 가기 위해 앞만 보고 달려온 길을 다시 돌아가야 했으니 자리를 잡기까지 남들보다 더 시간이 걸리고 불안도 컸을 거야. 하지만 다른 사람 눈치를 계속 보거나 사회가 만들어 놓은 좋은 직업이라는 선입견의 울타리 속에서 맴돌았다면 아마 평생을 힘든 시간으로 버텨 내야 했겠지.

대학은 중간 과정이야. 긴 호흡으로 내 진로를 보고 배우러 가는 곳이지 최종 목적지는 아니야. 그런데도 다들 대학만 가면 모든 것이 다 해결된다고 생각하는 것 같아. 좋은 성적을 받겠다는 일념 하나로 앞만 보고 달리지. 나에 대해 탐색할 수 있는 시간조차 갖지 못해. 게다가 예전에는 고등학생 때 공부해도 늦지 않았는데, 요새는 자사고나 특목고에 가기 위해 중학교부터 입시를 준비한대. 심지어 국제중에 들어가려면 유치원 때부터 공부해야 한다더라. 대학을 위해 10년이 넘는 시간을 공부에만 할애하는 거야. 열두 시간씩 책상에 앉아 공부하는데, 공부를 왜 하는지는 모르는 상황이지. '남들이 가니까 나도'라는 마음으로 목적 없이 미래를 결정하면 나중에 의문과 허무함만 남을지도 몰라. 《꽃들에게 희망을》에 나오는 남들 따라 꼭대기로 올라간 애벌레들처럼 말이야. 결국 꼭대기에 올라섰을 때, '내가 왜 여기 올라온 거지?' 하면 안 되잖아.

공부는 성실함과 끈기를 배우는 과정

그럼, 중고등학교 때 하는 공부는 무의미할까? 대학 입학 성적이 취업과 미래를 보장하지는 않지만 분명히 무언가를 증명하긴 하지. 바로 성실과 끈기야. 공부는 정말 하기 싫은 거잖아. 그러니까 공부를 열심히 한 사람은 싫은 일이라도 인내로 노력한 사람이라는 걸 보여 줄 수 있어. 힘든 학교생활에 최선을 다한 덕분에 좋은 대학에 들어갈 수 있었을 거라고 인정해 주는 거지. 사람들은 일을 맡길 때 필요한 끈기, 성실, 인내 등을 그들에게 기대하는 거야.

또한 중고등학교 때부터 노력한 밑바탕은 사람을 단단하게 만들어. 다른 사람과 차별점을 만들지. 예를 들어 내가 원하는 직장에서 일을 하려면 850점 이상의 토익 점수가 필요하대. 그런데 만약 학창 시절에 영어 과목은 손을 놓았다면 어떨까? '한국에서 살 거니까 영어 못 해도 돼. 요즘 번역기가 얼마나 잘 되는데 굳이 공부할 필요 있어?'라고 안일하게 생각했던 거야. 그렇다면 좋은 기회가 와도 충족해야 하는 조건인 토익 점수가 없는 탓에 잡을 수 없어. 반면 학창 시절에 영어를 꾸준히 공부해서 1~2등급을 받던 학생은 5등급을 받던 친구보다 더 빠르게 '토익 850점'의 목표에 다다를 거야. 이건 머리가 좋고 나쁨의 문제가 아니야. 자신이 꾸준히 노력했던 것이 언젠가 빛을 발하는 순간이 오는 거지.

꼭 전교 1등이 될 필요는 없어. 하지만 열심히 공부해서 작은 성취라도 이뤄 봐. 이전 시험보다 1점이라도 더 받는 거지. 그러면 자존감이 올라가. 노력하면 뭔가 달라진다는 자신감이 생기지. 자신감은 언제든 원한다면 뭐든 해낼 수 있다는 나에 대한 믿음이야. 그 믿음이 있으면 어떤 일이든 도전할 용기가 생기지. '어차피 4차 산업혁명은 시작됐어. 명문대생도 취업이 쉽지 않대. 굳이 공부는 해서 뭐 해?'라며 학교생활을 무

의미하게 보내면 안 돼. 더 넓은 관심으로 학교생활을 바라봐야 하는 거지. 목표를 향해 어떤 준비를 하는지, 그 과정에서 얼마나 성장하는지에 초점을 두고 일상을 계획하면 좋겠어.

어느 날 누군가 내게 '다이렉트 메시지'로 말을 건넸어. 말을 건 그 사람은 다짜고짜 사과부터 했지. 알고 보니 준우였어. 이 학생은 나뿐만 아니라 다른 선생님들도 '답 없는' 학생으로 기억할 정도로 문제아였지. "선생님, 저 준우예요. 잘 지내시죠?" 이 한마디에 갑자기 그때의 미움이 사르르 녹아내리더라. 준우는 내게 사과했어. 그때 자기가 너무 어려서 선생님을 함부로 대하고 실수도 많이 한 것 같다고. 어렸을 때니까 이해해 달라고, 죄송하다고. 처음에는 정말 준우인지 확인하려고 프로필을 눌러보고, 사진을 두 손으로 확대하기도 했어. 믿을 수가 없었거든.

고등학교를 졸업하고 뭘 해야 할지 막막했던 준우는 미용기술을 배웠대. 처음에는 남자가 무슨 미용이냐며 편견이 있었지만, 막상 배워 보니 재미있고 자기 적성에 맞았다는 거야. 그전까지 준우는 사는 게 재미없고, 따분하고, 불만만 가득했대. 그런데 미용을 통해 처음으로 잘하고 싶은 일을 발견한 거야. 매일 최선을 다했지. 매장이 문을 열기 전에 일찍 나가 청소도 하고 여러 가지 궂은일도 마다하지 않았어.

준우의 이런 마음은 SNS 피드에도 잘 드러났어. 해시태그에 #즐기면서_살기 #행복해 같은 말이 자주 보이더라고. 자기 처지에 대해 불평하기보다 즐겁고 재미있게 지내고자 노력하는 모습이 눈에 띄더라. 한 달에 한 번, 쉬는 날이면 근처의 노인정이나 장애인 복지관에 가서 봉사하는 모습도 있었어. 집에서 늘어지게 늦잠 자거나 빈둥거리고 싶은 그런 날에 어르신들의 머리를 깎아 준다고? 직접 실천하려면 쉽지 않은 일인데, 준우는 몇 년간 꾸준히 봉사하며 살았어. 도대체 무엇이 준우를 멋진 사람으로 바꿔 놨을까?

우리의 기준은 행복, 잊으면 안 돼

사람이 언제 행복을 느끼는지 알아? 하나는 사람들과 관계가 원만하게 이루어질 때, 또 다른 하나는 하고 싶은 일을 할 때. 준우는 공부를 잘하는 편이 아니었어. 그래도 원하는 일을 발견하고 그것을 배우면서 큰 보람을 느꼈지. 교실에서 엎드려 자는 학생이 아니라 무언가 해낼 수 있는 사람이라는 걸 스스로 깨달은 거야.

작은 것이라도 해낼 수 있는 사람. 사회에서 말하는 자존감은 결국 이런 뜻이야. 한 번 해낸 사람은 자연스럽게 자존감이 올라가서 뭐든 할 수 있는 자신을 소중히 여기게 되지. 준우는 어쩌면 많이 불안하고 공부를 잘 못하는 상황에 대해 좌절했을 거야. 친구들은 대학에 진학해 자기 진로를 찾아가는데, 자기만 목표를 발견하지 못했으니까. 하지만 그 불안함 속에서도 좌절하지 않고 좋아하는 걸 찾아내려 애썼어. 그 노력 덕분에 진로를 발견한 거야.

준우는 지금 좋은 대학을 나온 친구들보다 더 자유롭고 멋지게 살아. 그런 준우를 보면 인생의 성패는 대학 입시에 달린 게 아니라는 생각이 들어. 자신에 대해 깊이 생각하고, 좋아하는 것과 원하는 것을 발견하는 과정이 필요해. 진로는 바로 그 과정에서 드러나는 거야.

공부 좀 못한다고 스스로 깎아내릴 필요는 없어. 우리는 진로를 향해 나아가는 과정에 있으니까. 이것도 해보고, 저것도 해보고, 안 되면 다른 것도 해봐. 그렇게 나만의 행복 포인트를 찾아보자. 적성, 희망, 미래와 무관하게 남들이 원하는 직업만 바라보지 말고, 지금의 내게 집중하는 거야. 그건 공부보다 더 중요해.

이슬아 작가는 몇 년 전까지만 해도 작가 지망생이자 평범한 글쓰기 교사였어. 등단한 적도, 손에 꼽을 만한 작품을 출간한 적도 없고 얼굴이 알려진 사람도 아니었지. 남들이 우러

러보는 학벌을 가진 것도 아니야. 그런 상황에서 학자금 대출 상환 시기가 다가왔지. 갚을 길이 막막했어. 그녀는 한 푼이라도 벌어야 한다는 생각에 할 일을 생각해 냈어. 가장 잘할 수 있는 것, 글쓰기를 시작했지. 일주일에 다섯 편씩 한 달에 모두 스무 편의 글을 메일로 보내주는 '일간 이슬아'를 시작한 거야. 구독료는 1만 원. '일간 이슬아'는 사람들 사이에 입소문이 났어. 이렇게 쓴 글을 모아 책을 냈고, 베스트셀러 작가가 되었지. 이슬아 작가가 한 일은 쉽지 않은 작업이야. 200자 원고지 스무 장 분량의 글(A4 용지로는 2장이 조금 넘는 분량)을 매일 꾸준하게 쓰는 건 소재 찾기도 문제고, 어지간히 노력해서는 감당하기 힘들거든. 나는 매일 올리는 SNS의 짧은 일상 글도 버거울 때가 많았어. 그런데 그녀는 친구나 가족의 이야기, 읽은 책 이야기 등을 편지글이나 인터뷰 글처럼 다양한 형태로 매일 꾸준히 썼어. 그녀가 가장 좋아하는 것을 선택해서 그것으로 승부를 본 셈이야. 한 기자가 이슬아 작가에게 "작가님 글에는 상대방에게 나이나 출신 학교, 이력을 묻는 질문이 거의 없더군요"라고 말한 적이 있어.

이슬아: 생각해 보니 제가 만난 누구에게도 학교를 언급하지 않았다는 것을 지금 알았어요. 학교라는 게 누군가를 이

해할 때 기본적인 정보가 될 수 있군요. 그 생각을 한 번도 안 해본 거 같아요. 왜냐하면 제가 그 부분에 관해 관심이 없는 거 같아요. 제가 사람들을 만날 때는 학교나 학벌, 직업이나 나이는 별로 생각을 안 하거든요.

인공지능과 로봇으로 대변되는 미래에도 스펙이나 학벌로 사람을 판단할까? 이슬아 작가의 인터뷰에서 알 수 있듯이 예전에는 출신 대학이 그 사람을 판단하는 척도였다면 지금은 블라인드 면접처럼 능력을 우선시해. 도서의 책날개만 봐도 그 흐름이 보여. 자신의 이력에 어느 대학을 나왔다고 쓰는 사람이 이제는 거의 없어. 너희들 혹시 유튜버의 학력을 궁금해 한 적 있어? 유튜버에게는 출신 대학보다 신선한 소재를 발굴해 자신만의 콘텐츠로 구독자를 끌어들이는 능력이 더욱 중요하지. 앞으로는 어떤 전문 분야에서 활동하는지, 그로부터 어떤 성과를 이루었는지를 기재하는 게 더 중요할 거야. 남들이 좋다고 말하는 대학에 가려고 애쓰기보다는, 그 대학에 가지 못했다고 이번 생은 망했다고 낙담하기보다는, 묵묵하게 나아가면서 끝까지 포기하지 않는 그 마음이 중요해. 자기 분야에서 인정받는 인재가 되도록 노력하면 돼.

생각보다 많은 우리의 선택지

하고 싶은 일을 하면서 자기 분야에서 인정받으려면 어떻게 해야 할까? 직업 체험 중심의 고등학교인 특성화 고등학교에 대해 살펴보면 좋을 거야. 특성화 고등학교는 대학 진학을 목표로 하는 일반계 고등학교와 달리 특정 분야의 인재를 길러내는 것이 목적인 학교야. 현장 실습과 체험 위주의 교육을 전문적으로 실시해서 사회에 나가 자기 소질과 적성을 펼칠 수 있는 전문적 직업교육을 진행하는 곳이라고 생각하면 쉬워. 입학금, 수업료, 학교운영지원비 등 재정 자체를 국가나 지방자치단체로부터 지원받는 학교이기 때문에 사립이든 공립이든 학비는 필요하지 않아.

정부 정책으로 인해 공기업이나 대기업, 금융권에서 고졸 채용이 20%까지 확대된대. 게다가 특성화고를 졸업해 대학에 진학한다면, 대학에 준비된 특성화고 특별전형을 활용할 수도 있어. 특성화고에서 취득한 기술로 군대에서 기술병으로 복무한 뒤 관련 업체에 취업하는 '취업맞춤특기병' 제도 역시 확대될 전망이래. 성적이 하위권이라도 진로 설정만 잘하면, 사회에서 하고 싶은 일 하면서 의미 있게 살 수 있고, 성공도 할 수 있음을 보여 주는 사례야.

유형별 고등학교 분류

특목고	자율형고	특성화고
외국어 고등학교	자율형 사립 고등학교	**상업 고등학교**
국제 고등학교	자율형 공립 고등학교	**공업 고등학교**
과학 고등학교	과학중점 고등학교	**농업 고등학교**
예술 고등학교		**수산 고등학교**
체육 고등학교		**가정 고등학교**
마이스터 고등학교		

특성화 고등학교 말고, 마이스터 고등학교도 있어. 일과 학습을 병행하며 유망 분야의 특화된 기술 장인을 육성하여 바로 취업하는 것을 목표로 하는 고등학교야. 바이오, 반도체, 자동차, 전자, 기계, 로봇, 통신, 조선, 항공, 에너지, 철강, 해양 등 다양한 기술 분야의 마이스터고가 전국 각지에 있지. 실업계 고등학교지만 특성화 고등학교로 분류되지 않고 외고나 과학고처럼 특목고로 분류돼. 수업료나 입학금은 모두 면제야. 이 학교에서 기본적인 과목과 전공 기초를 배우는데 흔히 생각하는 특목고답게 배우는 내용도 깊이가 있고, 어려운 편이야. 취업만을 목적으로 가는 것은 추천하지 않아. 해당 분야에 대해 관심이 많고, 공부를 잘하는 학생이 입학을 고려하는 게 좋을 것 같아.

일반적으로는 3학년 2학기쯤에 취업할 곳이 정해진다고 생

특성화고 졸업생의 취업률

순위	학교명	2023년 취업률	취업한 회사
1	한국경마 축산고	**95.7%** 졸업생 29명 중 22명이 취업, 6명이 진학	한국마사회, 대기업 승마장, 경주마 관련 목장
2	대구일 마이스터고	**95.4%** 졸업생 110명 중 62명이 취업, 3명이 진학	자동차 관련 대기업, 공기업
3	경북 바이오 마이스터고	**94.4%** 졸업생 57명 중 51명이 취업, 3명이 진학	제약/바이오(코오롱 바이오텍, 한미약품, 대웅제약), 식품/화장품 계열
4	한국나노 마이스터고	**92.4%** 졸업생 83명 중 73명이 취업, 3명이 진학	삼성전자 및 주요 반도체 제조 및 장비업체
5	수원 하이텍고	**90.5%** 졸업생 152명 중 133명이 취업, 1명이 진학	반도체 자동차 대기업, 한국전력공사·한국수력원자력 등 공기업

자료: 학교알리미 2023년 11월 '산업수요 맞춤형 고등학교 및 특성화고 졸업자의 취업 등 진로 현황' 공시 내역

각하지만, 마이스터고는 빠르면 1학년 때 대기업 취업이 시작되기도 해. 해외 진출도 활발하고. 게다가 공부를 잘하는 학생들이 모여 있어 면학 분위기가 좋지. 표에 보이는 것처럼 공기업이나 대기업 취업률도 높아. 표에는 없지만 포항제철공고는 포스코가 설립한 학교라서 졸업 후에 학생 대부분이 포스

코에 입사한대. 취업률이 무려 90% 이상 나오는 고등학교야. 그러니 이 부분도 고려하면 좋겠지?

최근에는 제조업 분야보다는 IT 분야를 배우는 마이스터 고등학교가 각광을 받아. 그쪽 분야에 관심이 있다면 한국디지털미디어고등학교나 한세사이버보안고등학교, 선린인터넷고등학교 등에 대해 알아보면 좋을 것 같아. 이처럼 마이스터고는 여러 방면에서 빠르게 사회생활을 시작할 수 있어서 기회비용 측면에서 장점이 있어. 취업 후에 학위를 취득할 경로도 마련돼 있으니까, 관심과 재능이 엄청난 시너지를 얻을 좋은 기회야.

어른들은 잘 몰라, 어떤 게 멋진 인생인지

어른들은 공부하라고, 좋은 대학에 가라고 잔소리해. 하지만 어떤 인생이 멋진 인생인지에 대해서는 답해 주지 않아. 《기다리기에는 내일이 너무 가까워서》라는 책을 보면 대학에 가지 않고 좋아하는 일을 일찌감치 찾아내 다른 방식으로 10대를 보내며 삶을 개척한 친구들이 나와. 여섯 친구는 패션 디자이너 심수현, 콘텐츠 크리에이터 김지우, 기후활동가 윤현정, 플랫폼 프로듀서 최형빈, 종합격투기 선수 신유진, 목조주택

빌더 이아진이야. 직업이 참 다양하지? 이 친구들은 흔한 미담이나 성공담이 아니라 자기 관심사를 찾은 계기, 관심사를 일로 연결한 경로, 일하는 마음과 태도에 대해 진솔한 이야기를 독자에게 들려줘. 이 친구들도 우리처럼 미래가 막연하게 느껴지고 불안했대. 그렇지만 자기 길을 찾은 거지. 그저 대학만 보고 달려가는 우리에게 이 책은 삶의 방향에 대해 눈높이에 딱 맞는 조언을 해주고 용기를 북돋아 줘.

> 용기가 중요한 것 같아요. 지레 겁먹고 주춤주춤 간을 보는 게 아니라 풍덩 빠지더라도 후회 없이 나를 던져 볼 용기요.
>
> -문숙희, 《기다리기에는 내일이 너무 가까워서》 중에서

직업을 정하는 것은 돈을 벌고 명예를 얻는 것을 넘어 스스로 성장하고 자신이 어떤 사람인지 재정의하는 과정이야. 이를 보여 주는 여섯 친구를 책에서 만나 보면 자기 상황에 대해 공감과 위로를 받을 수 있을 거야. 그런 위로 속에서 대학만을 목표로 했던 자신의 인생을 돌아보고, 앞으로 어떤 인생을 살아갈지, 어떤 어른이 될지 생각해 보는 게 어떨까?

3부

나만의 브랜드, 덕업일치로 살아가고 싶은 우리들의 특기 발견

= 8장 =

걸어 봐야 알 수 있는 우리의 미래

사회에서 사람들이 진로를 선택할 때 가장 중요시하는 조건은 바로 '흥미'야. 요즘은 많은 사람이 '자신이 좋아하는 일을 하며 살아야 한다'라는 생각을 갖게 되었어. 왜일까? 우선 기대수명이 늘어나 일하는 세월이 전보다 훨씬 길어졌기 때문이야. 예를 들어 20대 중후반에 취업한다고 가정하면 앞으로 약 50년은 더 일해야 하지. 당장 하기 싫은 일을 누군가 시키면 한 시간도 하기 힘들 거야. 그걸 하루에 여덟 시간씩 매일

하면서 살아야 한다면 당장 그만두고 싶겠지?

예전에는 하나의 직업으로 평생 살아야 한다는 인식이 있었어. 중도에 포기하는 사람은 낙오자로 생각하는 사회적 분위기가 한몫해서 사람들은 힘들어도, 적성에 맞지 않아도 꾹꾹 참으며 일을 했지. 지금은 어떨까? 이제는 개인의 행복을 무엇보다 중요시하는 시대야. 내 주위에도 적성에 맞지 않으면 과감하게 휴식을 취하면서 새로운 진로를 찾아 나서는 사람들이 많아졌어. 시행착오를 겪느라 다른 사람보다 조금 늦더라도 결국 자신이 좋아하는 일을 찾아. SNS나 책과 같은 매체에 소개된 내용을 보면 좋아하는 일 안에서 자신의 가치를 발견하는 이야기가 종종 보여. 사회복지사였다가 도배사가 된 《청년 도배사 이야기》를 쓴 배윤슬 작가, 주물공장 노동자였는데 소설가가 된 《회색 인간》의 김동식 작가가 바로 그런 경우지.

뭐든 직접 해봐야 꿈도 선명해져

진흙 길을 갈 때는 누군가 이미 지나갔던 발자국을 따라 밟았다가 더 깊이 빠지기도 하고, 아무도 밟지 않은 곳을 밟았다가 앞으로 미끄러지기도 한다. 정답은 없다. 누군가 밟고 지나갔다고 해서 단단한 흙도 아니며 그렇다고 아무도 밟지 않은 곳이 안전한 것도 아니다. 밟아 보아야만 알 수 있다.

- 배윤슬, 《청년 도배사 이야기》 중에서

《청년 도배사 이야기》의 주인공인 배윤슬 작가는 연세대학교 사회복지학과를 졸업한 뒤 전공을 살려 노인복지관에서 일했어. 하지만 자기 생각과 다르게 돌아가는 복지관 업무에 회의를 느꼈지. 결국 사회복지 영역을 떠나서 '기술직'이면서 '지속적'으로 할 수 있는 새로운 일에 도전해. 그게 뭐였는지 알아? 바로 도배사야!

처음 이 책을 읽을 때 외고를 졸업하고 명문대를 졸업한 작가의 이력 때문에, 그녀가 직업을 바꿀 때 사회의 시선을 어떻게 감당했을지 마음이 쓰였어. 우리 사회에는 명문대를 졸업한 '여자가' 굳이 사람들이 선호하지 않는 도배사 일에 도전하는 것을 두고 어리석다고 생각하는 사람이 더 많으니까. 하지만 그녀는 누군가의 말에 휘둘리기보다는 스스로 선택해서 경험했고, 그 결과 땀 흘려 일하는 정직한 노동의 가치를 깨닫게 되었어. 도배는 꼼수를 쓰면 도배지가 울어. 쭈글쭈글해지는 거지. 대충하면 일을 망치게 돼. 이처럼 눈가림으로 성과를 포장할 수 없고 노력한 만큼 성장하는 일이란 게 그녀의 마음에 들었대. 물론 도배는 신체적으로 힘들고, '학벌이 아깝다'라는 주위 사람의 시선도 신경이 쓰였지. 하지만 그녀는 도배사로 일하면서 이전 직장에서 느꼈던 답답함을 떨쳐 버리고 자유를 얻었어. 타인의 시선에 나를 가두기보다 좋아하고 편하고 만족하고 행복한 삶을 선택하는 것이 중요하다는 걸 알게 됐지. 그녀는 후회하지 않았고, 삶에 만족하며 살게 됐어.

직업 심리학자들 역시 자신이 어떤 일에 흥미가 있는지를 알면 정체성을 찾고 직업을 선택하는 데 도움이 된다고 보았어. 미래를 더욱 멋지게 설계할 수 있다는 거지. 흥미가 곧 재능이나 능력은 아니지만 흥미를 알면 그에 부합하는 직업을 탐색할 수 있어. 관심 분야의 변화를 살펴보고 경험하다 보면 직업 선택까지 이어질 수도 있거든. 예전에 했던, 혹은 할 예정인 홀랜드 검사나 MBTI 같은 심리검사가 내게 건네는 힌트를 놓치지 말자.

직업에 대한 흥미도를 살펴보는 홀랜드 검사

1940년대 중반 존 홀랜드(John L. Holland)는 군대에서 군인들 면접관으로 일했어. 사람들의 성격 특징과 직업의 연관성에 관심을 두었지. 홀랜드는 이후 다양한 직업을 가진 각계각

층의 사람을 만나 상담했어. 그 결과를 토대로 해서 사람들의 흥미에 따른 일 유형을 정리해 발표했지. 성격과 맞는 직업을 선택하면 직업에 쉽게 적응하고 즐겁게 일할 수 있다는 전제 아래 '흥미'가 직업 선택에 큰 영향을 미친다고 생각한 거야.

홀랜드의 '직업흥미유형검사'는 검사자의 성격이나 생활 모습, 특정 직업 활동에 느끼는 흥미를 알아보는 검사야. 내가 가진 흥미와 직업의 정보를 검색해서 나랑 맞는 직업을 갖기 위해서는 어떻게 학습해야 하는지 그 방법까지 알려 줘. 아마 다들 학교나 공공기관에서 하는 홀랜드 검사를 받아 봤을 거야. 육각형의 각 꼭짓점에 각각의 인성 유형을 적어 두고 어느 쪽에 가까운지 표시된 결과지도를 한 번쯤은 본 적 있지?

이 육각형은 단순해 보이지만, 모양이나 크기에 따라 결과

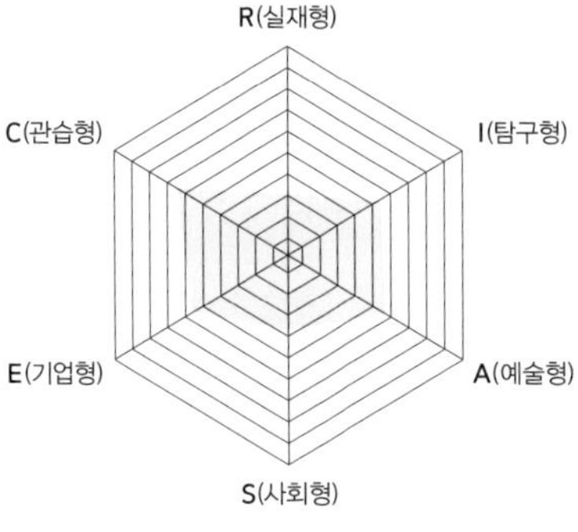

관습형(C)

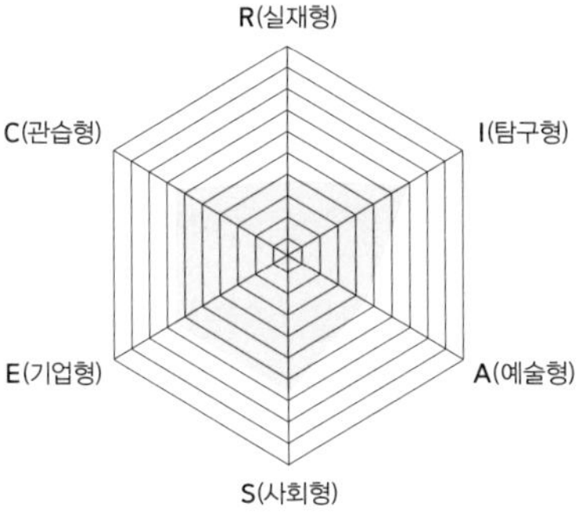

탐구형(I)

해석이 전혀 달라. 우선 육각형의 크기가 크고 정육각형에 가깝다면 관심 분야가 폭넓다고 해석하지. 모든 분야에 호기심이 있다면 진정으로 흥미를 느끼는 분야를 발견하기는 힘들어. 이럴 때는 능력, 성격 등을 고려해 흥미 있는 분야를 좁히는 게 바람직해. 만약 육각형의 크기가 크고 찌그러진 정육각형 모양이라면 특정 분야의 관심도가 높다는 의미야. 자기만의 흥미가 잘 발달했고 안정적인 형태인 셈이야. 성격이나 능력이 지금 관심 있는 분야와 조화로운지도 한번 살펴보면 좋겠지?

육각형의 크기가 작고 정육각형에 가깝다면 어떨까? 정육각형은 앞서 말했듯 고루 흥미를 갖고 있다는 뜻이야. 다만 크기가 작으니, 전체적으로 수치가 낮지. 종합해서 해석하면 뚜렷한 관심 분야가 없다는 거야. 무엇에 관심이 있는지, 뭘 잘할 수 있는지 생각해 봐. 과거에 뭘 하면서 즐거웠는지 떠올리면 관심사를 찾아내는 데 도움이 될 거야.

마지막으로 육각형의 크기가 작고 한쪽으로 찌그러진 형태가 나왔다면? 어떤 분야에 관심은 있지만 그 정도가 크지 않다는 뜻이겠지? 이 경우에는 조금이라도 관심 있는 분야에 시간을 투자해서 적극적으로 탐색하고 심화하려 노력해야 해. 이렇게 결과를 해석하면서 자신이 뭘 좋아하는지 인식하고,

어떤 부분을 발전할지 점검하면 진로의 방향을 정하는 데 좋은 힌트를 얻을 수 있어.

만약 홀랜드 검사를 아직 해보지 않았다면 내 관심 분야를 어떻게 알 수 있을까? 홀랜드 검사에서 직업 유형에 따른 특징, 어울리는 대표 직업, 전공계열을 제시하는 표를 보고 힌트를 얻으면 돼. 평소 내가 어떤 성격의 일을 좋아하고 편하게 느끼는지 살펴본 뒤에 유형을 골라. 규칙과 시스템이 잡혀 있는 일을 좋아하면 관습형(C), 일을 기획해서 목표를 설정하는 것을 좋아한다면 진취형(E), 관찰하고 탐구하고 분석하고 사고하는 것을 좋아하면 탐구형(I)에 해당해. 이런 식으로 자기가 인식하고 있는 자기 성격 특징과 어울리는 유형을 표에서 임의로 파악하는 거야. 물론 정확한 결과는 아니겠지만 나는 내가 가장 잘 알잖아! 아마 검사 결과와 크게 차이가 나진 않을 거야.

검사 결과지를 받아 확인하면서 나는 관습형(C)이구나, 나는 현실형(R)이구나, 이것만 파악하고 넘어가면 안 되겠지? 특정 분야에 대한 관심사를 깊고 넓게 펼치는 경험이 필요해. 가장 좋은 것은 직접 현장으로 나가 몸으로 부딪치는 것이지만, 학생은 시간적·공간적 제약을 받을 수밖에 없어. 어렸을 때부터 비행기 조종사 혹은 엔지니어 쪽에 관심이 많은 학생

홀랜드 직업 유형

	성격, 특징	대표 직업	전공 계열
현실형 (R)	명확하고 체계적이며 질서정연한 일을 좋아하고, 기존의 가치와 신념 체계를 위배하지 않는 선에서 원리 원칙적으로 사고하고 명확한 방법을 사용하여 행동하는 경향이 강하다. 전기나 기계, 공학계열같이 실제적이고 규칙적인 행동 양식이 존재하는 분야를 선호한다.	기술자, 자동기계 및 항공기 조종사, 정비사, 농부, 엔지니어, 전기·기계 기사, 군인, 경찰, 소방관, 운동선수 등	이공학, 농학, 해양·수산학, 체육학, 경찰학
탐구형 (I)	관찰하고 탐구하며 사고하는 일을 좋아하는 유형으로 현실을 비판적이고 분석적으로 관찰하고, 체계적이고 창조적으로 탐구하는 것을 좋아한다. 인간의 감정이나 사회적 환경보다는 자연현상이나 사회현상에 대한 탐구활동에 관심이 많다.	언어학자, 심리학자, 과학자, 생물학자, 화학자, 물리학자, 인류학자, 지질학자, 수학자, 의사 등	의학, 약학, 수학, 물리학, 심리학
예술형 (A)	창의적이고 유연한 사고를 즐기며 아름다움을 추구하는 경향이 강한 유형이다. 틀에 박힌 일이나 같은 패턴의 일을 별로 좋아하지 않는다. 같은 사물이나 현상을 보고도 획일적으로 판단하지 않으며 상상력이 풍부하고 독창적이다.	예술가, 작곡가, 음악가, 무대감독, 작가, 배우, 가수, 건축가, 소설가, 미술가, 무용가, 디자이너, 광고 기획자 등	음악, 미술, 공예, 무용, 연극·영화
사회형 (S)	타인의 문제를 듣고 공감하고 도와주고 치료해 주는 것을 선호하며 사람을 상대하는 활동에 능숙한 유형이다. 일반적으로 이타적이며 자애롭고 배려심이 깊은 인물로 평가받는다. 사람과 사람 사이의 관계에 주목하는 경향이 강하며, 다른 사람들에게 어떤 사실을 가르쳐 주고 도와주거나 지원하는 활동을 좋아한다.	사회복지사, 간호사, 유치원 교사, 교육자, 종교 지도자, 상담 전문가, 임상 치료가, 청소년 전문가 등	사회학, 간호학, 체육학, 심리학, 사회복지학, 사범대

진취형 (E)	자신이 기획하고 설정한 목표를 실행시키는 데 탁월한 능력을 보이는 유형으로 개인과 조직의 목표를 달성하거나 경제적인 이익을 추구하기 위한 활동을 선호하며, 타인에게 영향력을 발휘하는 일을 좋아한다. 추진하고 있는 일을 성공적으로 이끌기 위해 다른 사람을 설득하거나 협상하는 등 사회성을 발휘하기도 한다.	영업사원, 상품구매인, 보험회사원, 판매원, 관리자, 연출가, 광고대행업자, 언론인, 노동조합 지도자, 정치가, 사업가, 변호사 등	상경 계열(회계학이나 경영학 등 상업 관련 학문), 법학, 사회학, 외교학, 정치학, 언론학
관습형 (C)	조직적이며 체계적이고 규칙과 시스템이 잡혀 있는 일을 좋아하는 유형으로 서류 작성 및 기록 등과 같은 사무적인 일에 능력을 발휘하며, 문제 상황에서는 변화를 추구하거나 비판하기보다는 조심스럽고 체계적으로 계획을 세우는 편이다.	공인회계사, 경제분석가, 은행원, 세무사, 경리사원, 감사원, 안전관리사, 사서, 법무사 등	법학, 상경 계열, 행정학, 회계학, 문헌정보학

이라도 현실형(R)으로 흥미 범위를 좁혀 바로 현장에서 비행기를 조종하는 직업 체험을 하기는 쉽지 않으니까.

관심사를 알고 난 뒤 더 깊이 있게 진로를 펼쳐 나가는 데 도움을 받으려면 어떻게 해야 할까? 정답은 바로 독서야. 책상에 앉아서 읽으면 되지. 직업 탐색을 이보다 쉽게 할 방법은 거의 없다고 봐. 독서를 통해 깊이 있게 진로에 대해 알아 가다 보면 진짜 원하는 일, 좋아하는 일, 잘할 수 있는 일을 훨씬 더 구체적으로 알 수 있어. 책을 읽는 동안 자신의 마음을 세세히 살펴볼 수 있을 거야.

홀랜드 직업 유형에 따른 추천 도서

	추천 도서
현실형 (R)	《소년이여, 요리하라!》, 《메시, 축구는 키로 하는 게 아니야》, 《어느 경찰관의 사람공부》, 《나의 아름다운 비행》, 《저 청소일 하는데요?》, 《사부의 요리》, 《10대와 통하는 스포츠 이야기》, 《모든 것은 기본에서 시작한다》, 《소년의 레시피》, 《죽은 자의 집 청소》
탐구형 (I)	《야밤의 공대생 만화》, 《폴 파머, 세상을 고치는 의사가 되어 줘》, 《로봇 시대, 인간의 일》, 《만약은 없다》, 《아픔이 길이 되려면》, 《열두 발자국》, 《골든아워》, 《수의사는 오늘도 짝사랑 중》, 《10대가 가짜 과학에 빠지지 않는 20가지 방법》, 《천문학자는 별을 보지 않는다》
예술형 (A)	《목소리를 높여 high》, 《굿 캐스팅》, 《웹툰의 시대》, 《예능 PD와의 대화》, 《랩으로 인문학 하기》, 《옷장에서 나온 인문학》, 《가슴으로도 쓰고 손끝으로도 써라》, 《소설가의 일》, 《도시는 무엇으로 사는가》, 《문학하는 마음》, 《10대와 통하는 영화 이야기》, 《유튜브로 책 권하는 법》, 《쓸 만한 인간》
사회형 (S)	《나는 간호사, 사람입니다》, 《미스터. 나이팅게일》, 《간호사라서 다행이야》, 《천 개의 공감》, 《청소년을 위한 정신 의학 에세이》, 《딸에게 주는 레시피》, 《라틴어 수업》, 《선량한 차별주의자》, 《실격당한 자들을 위한 변론》, 《나는 나를 돌봅니다》, 《들숨에 긍정 날숨에 용기》, 《소년을 읽다》, 《십 대를 위한 쓰담쓰담 마음 카페》, 《나는 87년생 초등교사입니다》, 《꽤 괜찮은 해피엔딩》
진취형 (E)	《누가 내 머릿속에 브랜드를 넣었지?》, 《고장 난 거대 기업》, 《소년소녀 정치하라!》, 《소년소녀 기획하라!》, 《대통령의 글쓰기》, 《유튜브의 신》, 《경영학 콘서트》, 《뉴스로 세상을 움직이다》, 《왜요, 그 말이 어때서요?》, 《우리의 불행은 당연하지 않습니다》
관습형 (C)	《회계사 아빠가 딸에게 보내는 32+1통의 편지》, 《판사유감》, 《출판하는 마음》, 《왜 나는 범죄를 공부하는가?》, 《어떤 양형 이유》, 《번역가 모모 씨의 일일》, 《디지털 장의사, 잊(히)고 싶은 기억을 지웁니다》, 《부동산 쫌 아는 10대》, 《챗GPT가 내 생각을 훔친다면?》, 《아무튼, 사전》, 《어떤 호소의 말들》

자료: 전국국어교사모임 독서교육분과, 2023 물꼬방 진로 도서 목록

진로 탐색에 은근 도움되는 MBTI

홀랜드 검사는 개인이 특정 분야에 호의적인 태도로 관심이 있는지 객관적으로 살펴보는 검사라고 말했지? 어떤 활동에 가치를 두는지, 어떤 분야에 적합한지, 어떤 사람과 일하는 것을 좋아하는지 등 자신의 진로 유형에 대한 중요한 정보를 얻을 수 있어.

이와는 조금 다른 관점으로 성격 유형을 분석하는 MBTI(Myers-Briggs-Type Indicator) 검사도 있어. 캐서린 쿡 브릭스(Briggs)와 그녀의 딸 이자벨 브릭스 마이어스(Myers)가 심리학자 칼 융(Jung)의 심리 유형론을 토대로 고안한 자기 보고식 성격유형검사야. 심리적으로 선호하는 것을 열여섯 가지 성격 유형으로 구별하여 측정함으로써 적합한 직무를 찾고, '나'를 이해하는 데 도움이 되는 검사야.

《손자병법》에 나오는 '지피지기 백전불태(知彼知己 百戰不殆)'에서 비롯된 '지피지기 백전백승(知彼知己 百戰百勝)'이라는 말 들어 봤어? 상대를 알고 나를 알면 백 번 싸워도 백 번 다 이길 수 있다는 말이야. 진로 선택에서 이 말은 곧 다양한 직업군을 잘 이해하고 진로 설정에 있어서 '나'를 정확하게 이해하면 자신감과 자기를 수용하는 능력이 높아지면서 진정으

나의 MBTI 유형 찾기

	E (외향형)	I (내향형)
나의 에너지 방향은?	폭넓은 대인 관계를 가지며 글보다 말로 표현하기를 원한다. 사교적이며 다른 사람들과 상호 작용을 통해 에너지를 얻고 경험을 통해 이해한다. 열정적이며 적극적이고 활발하다. **(여럿이 함께 있을 때)** 주로 이야기를 주도하며 분위기를 띄우고 웃음을 이끌어낸다. 여럿이 있을 때 에너지를 얻는다.	깊이 있는 대인 관계를 가지며 말보다는 글로 표현하기를 원한다. 깊이 생각하고 혼자만의 사색을 통해 에너지를 얻으며 내면 활동에 집중력을 발휘한다. 조용하고 신중하다. **(여럿이 함께 있을 때)** 이야기를 듣고 호응하지만 이야기를 주도하는 일은 없다. 혼자 있을 때 에너지를 얻는다.

	S (감각형)	N (직관형)
나의 인식 기능은?	실제의 경험, 현재에 초점을 맞춰서 생각하며 실용적이고 현실적이라서 직접 관찰한 정보를 신뢰한다. 일상의 반복과 전통을 중요시한다. 숲보다 나무를 본다. **(요리할 때)** 레시피대로 철저하게 요리한다.	영감, 아이디어, 의미에 초점을 맞춰서 생각하며 추상적이고 미래 지향적이며 직감을 신뢰하는 이상주의적인 타입이다. 변화와 독창성을 중요시한다. 나무보다 숲을 본다. **(요리할 때)** 감에 따라 눈대중으로 한다.

	T (사고형)	F (감정형)
나의 의사 결정은?	논리적이고 객관적인 분석을 바탕으로 의사 결정하길 원하며 일관성, 공정성, 진실성을 중요하게 생각한다. 문제 해결에 초점을 두며 감정적이기보다 현실적이다. **(친구가 다쳤을 때)** 보건실에 갈지, 지금 병원으로 가야 하는 건 아닌지 확인한다(질문이 많음).	가치관, 공감, 타인에 대한 배려를 바탕으로 결정을 내리며 공감, 칭찬, 인간관계를 중요하게 생각한다. 수용적이고 우호적이며 의미나 도덕성을 중시한다. **(친구가 다쳤을 때)** 괜찮은지, 다친 곳이 없는지 걱정한다(리액션이 많음).

	J (판단형)	P (인식형)
나의 생활 양식은?	계획해서 결정을 내리고, 일정을 따르는 것을 좋아하며 명확성, 예측 가능성, 안정성을 중요하게 생각한다. 체계적으로 진행하며 기한을 엄수한다. **(공부 계획을 세울 때)** 오늘 1시부터 3시까지는 국어 시험공부를 하고, 3시부터 6시까지는 수학 공부를 해야겠다. 1시간 동안 저녁 식사를 한 뒤에 7시부터 8시까지 쉬고, 8시부터 10시까지 영어 숙제를 끝마쳐야지!	새로운 정보에 적응하고 선택권을 열어두는 것을 선호하며 유연성, 자발성, 개방성을 중요하게 생각한다. 자율적이고 융통성이 있으며 뜻밖의 일을 즐긴다. **(공부 계획을 세울 때)** 오늘 국어랑 영어, 수학 공부해야지!

로 원하는 일을 찾을 수 있다는 의미지. 실제로 성공한 사람들은 대체로 자기를 이해하는 지능이 높다고 해. 어려운 상황에서도 끊임없이 자기가 갈 방향을 생각하고, 자신감과 확신을 지니며 좋은 결과를 내기 위해 최선의 노력을 하는 거지.

요새 MBTI는 자기를 소개할 때 이름만큼이나 자주 사용돼. 공정과 공평을 중요하게 여기면서 분석하는 경향이 있는 친구는 "너 T야?"라고 질문을 많이 받지. 공감이나 격려를 잘하고 갈등을 일으키기 싫어하는 성격이라면 친구가 "너 F 맞구나!"라며 고개를 끄덕이는 일이 일상일 거야. 사람의 성격을 딱 열여섯 가지로 나누기는 어려워. 그렇게 단순하지 않지. MBTI 유형에 나온 그대로 누군가를 단정 짓고 유형에 따른 설명을 무조건 옳다고 여기는 건 좋지 않아. 대신 MBTI 유형 검사를 통해 자기 성격을 이해하고, 진로를 선택하는 데 도움이 된다면 그 내용을 참고할 수는 있지. 유형이 설명하는 범위를 좁혀서 내가 좋아하는 것을 찾아볼 수도 있어.

MBTI 유형 검사는 어떻게 할 수 있을까? 온라인에서 MBTI 유형 검사를 쉽게 받을 수 있어. 굳이 검사받지 않아도 간단히 표를 살펴보며 내 에너지 방향과(E or I), 인식 기능(S or N), 의사결정 방식(T or F)이 어떤지, 생활양식(J or P)이 계획적인지 아닌지 등을 점검해 볼 수도 있지. 나중에 알파벳 네 개를 종합하면 내 MBTI 유형에 대해 쉽게 이해할 수 있어.

즐기는 사람은 아무도 못 당해

MBTI 유형을 이해할 때 주의할 점이 있어. 간혹 사람들은 "E는 인싸고 I는 아싸야"라고 하거나, "T는 이성적이라 F보다 더 우월해"라고 말할 때가 있는데, 이건 그저 개인의 성격 유형을 설명하는 도구일 뿐이야. 우월함이나 열등감을 나타내는 지표가 아니라는 걸 염두에 두어야 해. E는 타인과 교류하는 데 능숙한 유형이고, I는 혼자 생각하고 집중하는 데 유리한 유형이야. 또 T는 논리적으로 문제를 해결하는 일에 능숙하고, F는 상대방에게 공감하고 칭찬하는 일을 잘해서 사람들과 좋은 관계를 맺어. 그러니 자기 발전적인 측면에서 어떤 성향이 더 생산적인지를 생각해야지, 어느 유형이 우월하고 열등하다는 식의 이분법을 들이대면 진로를 알아보는 데 그 어떤 도움도 되지 않아. 이 점은 꼭 기억해야 해.

지지자 불여호지자(知之者 不如好之者)
호지자 불여락지자(好之者 不如樂之者)

《논어(論語)》 옹야편(雍也編)에 나오는 구절이야. 아는 사람은 좋아하는 사람만 못하고, 좋아하는 사람은 즐기는 사람만 못하다는 뜻이지. 결국 승자는 즐기는 사람이라는 의미야. 공룡을 좋아하던 김진겸이라는 다섯 살 꼬마 공룡 덕후는 대학생 때 디자인을 전공해서 공룡을 디자인했고, 디자인을 위해 공룡을 연구하다가 공룡 복원가가 되었어. 평창동계올림픽에서 드론으로 성화를 봉송한 열다섯 살 드론 덕후 김민찬은 어렸을 때부터 RC 헬기를 조종했지. 그는 초등학교 5학년 때 드론으로 전향하여 세계 레이싱 대회 챔피언이 됐고, 우리나라 최초의 프로 드론 팀에서 활약하고 있어. 지금은 좋아하는 활동이 돈이 되고, 좋아하는 일로 성공하는 시대야. 좋아하는 게 무엇인지 무엇을 시작하면 되는지 홀랜드 검사나 MBTI 검사가 주는 힌트를 놓치지 말자. 좋아하는 것을 발견해서 적극적으로 임하면 과정이 조금 힘들더라도 즐거움 덕분에 이겨 낼 수 있고, '락지(樂之)'의 경지에 이르게 될 테니까.

= 9장 =

20년 뒤의 내 모습은 과연 어떨까

수업 시간에 '5분 스피치'를 했어. 자는 학생이 너무 많아서 틈새 시간을 활용해 잠도 깨우고, 진로와 관련된 생각을 전하는 시간이 있으면 좋을 것 같아 진행한 수행평가였지. 먼저 '20년 뒤 내 모습'에 대한 글을 쓰게 했어. 수업할 때마다 두세 명씩 자기 차례가 되면 써둔 글을 다듬어 친구들에게 발표하게 했지. 처음에 학생들은 볼멘소리를 냈어.

"당장 내일도 어떻게 될지 모르고, 어느 대학 무슨 과로 진학할지도 모르는데, 무슨 20년 뒤의 모습을 쓰래?"

하지만 불만이 많았던 학생들의 실제 발표 내용은 야유하던 분위기와 전혀 달랐어. 수업 시간에 엎드려 잠만 자거나 내 말에 말대꾸하면서 수업을 방해하곤 해서 '재가 뭐가 되려고 저러나?' 싶었던 학생까지도 생각보다 진지하고 구체적인 꿈을 이야기했거든.

이를테면 전 국가대표 선수 김연아 팬이라서 김연아의 전속 물리치료사가 되겠다, 치킨을 좋아해서 해외로 우리나라의 치킨 브랜드를 수출하고 싶다, PC방을 무엇이든 할 수 있는 멀티방으로 만들어 운영하겠다 같은 꿈이었지. 깜깜했던 미래를 흰 종이에 사각거리며 채운 글 속에는 구체적인 미래와 희망이 담겨 있었어. 사람들은 자신이 뱉어낸 말과 자신의 행동을 일치시키려는 원초적 본능을 가지고 있대. 즉, 말이나 글로 생각을 표현했을 때 그 생각을 끝까지 고수하려는 경향이 있다는 거야. 자신의 꿈을 시각화하면 그 꿈을 행동으로 옮기기 위해 무의식적으로 노력하고, 그러한 노력과 마음이 모여 결과로 이어진다는 말이야. 그때 알았지. 글쓰기는 미래와 연결되어 있구나! 그렇기에 우리의 글쓰기는 일상이 되어야 한다는 것을.

쓰다 보면 드러나는 나의 꿈과 특기

어느 날 알고리즘 때문에 '인스타 팔로워 두 달 만에 만 명 만들기'라는 유튜브를 보게 되었어. 나는 평소 인스타에 하루 한 편 글쓰기를 실천하고 있거든? 처음에는 그냥 끄적거리는 정도로 생각했는데, 글이 쌓이자 관련 주제로 많은 사람과 소통하고 싶다는 생각이 들었어. 하지만 슬프게도 나의 계정에 관심을 가지는 사람은 별로 없었지. 이유를 나름대로 고민하던 때에 이 유튜브 영상을 만난 거야. 이런 정보를 담은 영상의 말미는 주로 "팔로워를 많이 만들어 수익화하자!"로 끝날 때가 많아. 그런데 이 유튜버는 좀 달랐어. SNS 공간에 어떤 글을 써야 하는지, 나의 특화된 주제를 찾는 법을 강조하더라고. 과정보다 결과를 중시하는 사회에서 끝까지 과정에 대해 강조하는 유튜버라니. 요즘에 꽤 보기 드문 캐릭터였어.

그는 영상에서 이렇게 말했어. 피드를 쓰기 이전에 내가 흥미를 느끼는 주제가 뭔지에 대해 스스로 물어봐라. 그다음으로는 즐기는 게 뭔지, 항상 더 배우고 싶은 게 뭔지 확인해라. 마지막으로 다른 사람에게 정보나 교훈을 줄 만한 경험까지 생각해 보라고 했지.

이 네 가지의 공통점이 뭔지 알아? 바로 '나'에게 초점이 맞춰져 있다는 거야. 글을 쓸 때 관심 있는 분야, 좋아하는 것을 나만의 방식으로 써야 한다는 거지. 그래야 포기하지 않고 계속해서 쓸 수 있어. 글을 지속해서 쓴다는 건 자신에 대해 끊임없이 생각하고 고민한다는 이야기이기도 해. 글쓰기는 '나'와 연결된 셈이고, 계속해서 좋아하는 것을 쓰다 보면 신기하게도 나의 관심사를 더 많이 발견하게 되지.

예를 들어 내가 어떤 게임을 정말 좋아한다고 가정하자. 이 게임을 하는 내 전략을 기록하고 싶어서 블로그나 인스타 같은 SNS에 글을 썼어. 처음에는 그냥 기록을 위해 시작했는데, 사람들이 그 글을 보고 공감하거나 댓글을 달아 준 거야. 그러면 내가 아는 것을 더 나누고 싶은 마음이 들겠지? 게임과 관련해서 내가 아는 내용을 더 풀어놓게 돼. 쓸 내용을 생각하다 보면 자세히는 모르는 게 있을 거야. 그러면 찾아보고 싶어지지. 지금보다 게임에 대해 더 많이 알아야 나의 이야기를 깊이 있게 풀어낼 수 있을 테니까.

이 과정에서 내가 얼마나 아는지 확인할 수 있어. 또 모르는 것을 찾다 보면 누가 시키지도 않았는데 스스로 뭔가를 탐구하는 내 모습이 보이지. 결국 '내가 정말 좋아하는 게 이거였구나!' 하고 깨닫는 거야. 좋아하는 것에 집중하면 부담 없이 계속해서 글을 쓸 수 있어. 거창하게 시작하느라 스스로 부담 갖지 않아도 되지. 의식적으로 노력하지 않으면서 가볍게 쓰고 싶은 걸 쓰니까 마음도 편해. 혹시 글은 이렇게 쓰면 안 된다고 생각할 수도 있어. 하지만 이런 가벼움 역시 내가 좋아하는 걸 계속 상기하는 훌륭한 수단이야.

다만 SNS에 글을 쓸 때 주의할 점이 있어. '꾸준히'가 전제가 되어야 해. 좀 하다 그만두면 안 돼. 앞서 말한 것처럼 오랫동안 지속할 만한 주제, 부담 없이 쓸 수 있는 형식으로 글을 써 봐. 남들이 좋다고 하는 걸 따라가면 어느 순간 지치고, 막다른 길에 도달했을 때 돌파구를 찾기 힘들어. 반드시 좋아하고, 잘하고 싶고, 관심이 있고, 흥미로운 주제로 글을 써야 해. 내게 적합한 형태로 편안한 글쓰기를 지향해야 해.

요즘 인스타그램에서 '릴스'가 유행해. 그래서 나도 해봤는데, 시간이 오래 걸리고 생각보다 어렵더라. 글쓰기를 좋아하는 나조차도 결국엔 부담스러워지더라. 만약 SNS 글쓰기가 싫고 아날로그 느낌으로 노트에 쓰는 게 좋다면 그렇게 해. 여기서 SNS 글쓰기를 강조하는 이유는 내가 가장 편하다고 생각하는 매체이기 때문이야. 그게 네게 맞지 않으면 과감히 방법을 바꿔도 괜찮아. 뭐든 자기가 즐겁고 편한 방법을 고르는 게 가장 중요하니까. 그러니 내가 할 수 있고, 내게 어울리는 글쓰기 스타일을 찾아봐.

교육대기획 10부작 〈학교란 무엇인가〉에서 '7부-책 읽기, 생각을 열다'라는 주제의 방송을 본 적이 있어. 어린 시절부터 왜 책을 읽어야 하는지, 책을 통해 무엇을 배워야 하는지 우리 문해력 교육의 방향을 이야기해 주는 프로그램이었지. 유명 언어학자와 교수들은 입을 모아 이렇게 말했어.

"여러 교과목을 가르치지만 결국 우리는 글을 읽고 작문하는 것을 가르치는 수업을 합니다. 독서와 작문을 배우게 될 때 여러 조합의 전략을 얻게 됩니다."

그러고 보니 미국 대학교에 진학하려는 학생들이 꼭 치러야 하는 미국 수학능력시험인 SAT에도 이들이 언급하는 교육 방향과 일치하는 부분이 있어. SAT 시험은 비평적 독해, 대수학, 에세이 3개 영역으로 나뉘는데, 그 가운데에 고득점을 결정하는 분야는 바로 에세이야. 그들은 왜 예비 대학생의 필수 소양으로 에세이를 강조할까? 쓰고 덜어 내는 과정 자체에서 자신만의 철학이 생기기 때문이야. 그것이 미래 사회에서 가장 필요한 능력이라고 보는 거지.

빠르고 쉬운 방법을 택하는 요즘 세태에서 글쓰기는 꽤 어렵고 귀찮은 일인 게 분명해. 빈 종이 앞에서 한참을 무기력하게 앉아 있을 수밖에 없으니, 효율이 떨어지는 느낌이 드는 것도 당연하고. 하지만 글쓰기는 효율(들인 노력과 얻은 결과의 비율)을 따지기보다 효용(보람이나 쓸모)을 생각해야 해.

그거 알아? 유명 작가들도 빈 화면 앞에서 무기력해지고 한 글자 운을 떼기까지 꽤 오래 걸리고 어려워한대. 생각과 숙고(곰곰이 잘 생각함)를 통해 글이 나오기 때문에 시간이 걸리는 건 당연한 일이지. 오랜 시간 고민해서 적은 글에는 생각이 가지런히 정리돼 있을 거야. 그것이 바로 글을 써야 하는 이유지.

적는 자만이 살아남는다

나만의 블로그에 글을 쓴 지 벌써 10년이 넘었어. 이 말만 들으면 내가 글쓰기에 무척 진심인 것처럼 느껴지지? 그런데 사실 내 글은 여행이나 일상에서 기억하고 싶은 일을 끄적거리는 메모 수준이야. 마치 일기장처럼 말이지. 그런데도 글을 쓰면서 달라진 게 있어. 이전에는 무심코 지나쳤을 것까지 자세히 관찰하게 되었어. 사람들의 말과 행동은 물론 모든 순간이 훌륭한 글감이 될 수 있다는 사실을 배웠거든.

실제로 어떤 글을 썼는지 알려 줄게. 나는 자주 가는 도서관을 소재로 도서관이라는 공간에서 느낀 감정을 그대로 글에 녹여 썼어. 그리고 학생들이 일상에서 사용하는 비속어를 그저 '학생들의 문화겠지' 하며 지나치지 않고, '저 말을 쓰는 건 무슨 의미가 있을까?', '학생들은 왜 비속어를 쓸까?' 곰곰이 생각하다 보니 그걸 또 글로 표현하는 게 가능하더라고. 한번은 SNS에 '닥달 좀 하지 마'라고 쓴 적이 있는데, 한 학생에게 "선생님, 닥달이 아니라 닦달인데요?"라고 지적받았어. 이 사건을 통해 우리가 일상에서 자주 틀리는 맞춤법을 고민했고, 그에 대한 글을 쓰게 됐어. 그 글을 모아 《사춘기를 위한 맞춤법 수업》이라는 제목의 책도 출간했지.

만약 내가 평소 글을 쓰지 않았다면 그 순간의 생각은 모두 휘발되었을 거야. 그 상황에 대해 나름의 의미를 부여하며 재해석하지도 않았겠지. 글쓰기란 지금 이 순간에 의미를 부여하며 내 마음을 부지런히 쓰는 일인 셈이지.

예를 들어 하루에 있었던 일을 글로 쓰기로 했다고 가정해 봐. 그러면 아침에 뭘 했는지, 엄마와는 무슨 일이 있었는지, 어떤 소리를 들었는지 상황에 대해 관찰하게 돼. 그런데 이 '관찰'이라는 게 참 재밌어. 다른 것을 바라보고 주목하고 지속해서 궁금해하고 샅샅이 살피는 이 행위는 애정과 관심이 있어야만 가능해.

무심히 지나쳤던 혼잣말도 기억하고, 나 아닌 다른 사람의 상황도 생각하며, 그 사람의 입장도 생각하게 돼. 또 나의 감정을 객관적으로 바라볼 수 있지. 친구와 대화할 때 내 감정이

어땠는지, 왜 화가 났는지, 왜 기분이 좋았는지 부지런히 나의 속마음을 살피게 되는 거야. 평소에 내 마음이 어떤지 살피기는 쉽지 않아. 벌거벗은 나를 보는 느낌이잖아. 하지만 글을 쓰려면 반드시 해야 하는 일이라서 내 안에 있는 무수히 많은 감정을 확인할 수 있지. 내 감정을 객관적으로 마주하면서 다양한 감정을 모두 존중하게 되는 거야.

글쓰기는 우리가 무심코 지나칠 수 있는 사소한 것을 발견하는 능력을 키워줘. 일상에 대한 애정이 높아지면 순간순간을 소중히 여기는 마음가짐이 생기고 자존감까지 올라갈 수 있지. 선순환을 일으키는 거야.

적자생존이라는 말 들어봤지? 영국의 철학자 허버트 스펜서(Herbert Spencer)가 제시한 용어로 환경에 적응하는 생물만이 살아남고, 그렇지 못한 생물은 도태되어 사라지는 현상을 가리키는 용어야. 그런데 내가 여기서 말하는 적자생존은 다른 의미야. 바로 '적는 자만이 살아남는다'라는 뜻이지. 메모하고 글 쓰는 습관이 중요하다는 말이야.

앞에서도 말했다시피 미래에 갖춰야 할 중요한 역량은 비판적 사고, 분석력, 추론 능력, 복잡한 문제 해결 능력, 리더십, 창의성이야. 그런데 이 항목들이 모두 글쓰기와 연결되어 있다고 해도 지나치지 않아. 사실 먼 미래까지 생각하지 않아도 답이 나오지. 배운 것을 잊지 않고 기억하는 사람과 며칠 지나지 않아 잊어버리는 사람이 있다면 누가 더 성공하게 될까? 당연히 잊지 않고 기억하는 사람일 거야. 사람은 어떻게 잊지 않고 기억할까? 언어화, 즉 적어야 하는 거지. 소믈리에들은 1000종이 넘는 와인을 구분해서 기억한대. 그 비법이 뭔 줄 알아? 바로 언어화야. 와인의 맛과 향을 언어로 표현하는 거지. 이런 과정이 없으면 맛과 향은 그저 감각으로만 남아서 금세 휘발된다는 거야. 우리도 생각이 한순간에 휘발되지 않게 언어로 표현하자. 어떻게? 글쓰기로! 그럼, 어디에 무엇을 어떻게 적으면 좋을까?

무엇보다 글쓰기는 매일매일 꾸준히 하는 것이 중요해. 근육운동을 하루에 많이 하면 근육통을 얻을 뿐 근육이 빵빵해지지는 않아. 글쓰기도 마찬가지야. 꾸준히 열심히 운동해서 몸의 근육을 조금씩 만들 듯이 글도 매일매일 쓰면서 노력하다 보면 내 안의 글감을 자연스럽게 꺼내 그것을 두려움 없이 써 내려가는 능력, '글 근육'이 생기지. 자기 생각을 표현하는 게 자연스럽고 세련되게 바뀌는 거야.《팔리는 작가가 되겠어, 계속 쓰는 삶을 위해》라는 책을 쓴 이주윤 작가는 스물한 살 때부터 블로그에 일기를 썼대. 작가로 유명해진 뒤에 20년 전 자신이 블로그를 처음 시작할 때 어떤 글을 썼는지 궁금해서 찾아봤대. 바로 이런 내용이 있었다고. “아 슬프다. 누가 알까. 이 마음. 메롱 까꿍. 무지 슬프다.” 이것이 바로 글쓰기의 시작이었던 거야. 어떤 날은 한 줄로 끝났지만 계속 글을 쓰다 보니 어느 날은 마우스 휠을 몇 번이나 돌려야 할 정도로 긴 글을 썼대. 그러다 어느 날 한 워크숍에 갔는데 유명 작가가 그녀의 과제를 보고 이렇게 말했다는 거야. “아주 오래전부터 습작해 온 사람이 쓴 글이라는 느낌이 듭니다.” 시작은 ‘메롱, 까꿍’이었지만, 조금씩 단계를 밟고, 매일 어떤 글이든 쓰며 ‘글 근육’을 키워 왔기에 그녀는 작가로서 성공할 수 있었던 거지.

슬슬 우리의 열정을 끌어올리자

그렇다면 날마다 어디에 써야 할까? 아날로그 감성이 묻어나는 종이 노트에 사각사각 글을 써 내려가는 것도 무척 좋지만, 편하게 접근하고, 쉽게 쓰고 지울 수 있으면 더 좋을 거야. 다른 데 힘을 빼지 않아야 글쓰기에 집중할 수 있거든. 그런 면에서 나는 SNS를 활용할 것을 추천해. SNS는 인생의 낭비라느니, 인스타그램은 겉으로 보이는 것에만 집중한다며 비난하는 말도 많지만 말이야.

나는 가볍게 자기 생각을 정리하고, 감정을 구체화하며, 말과 글을 쉽게 다루는 데 인스타그램이나 페이스북처럼 접근이 쉬운 글쓰기 도구는 없다고 생각해. 그렇게 일상이나 책 이야기를 끄적이다 보면 내가 무엇에 관심이 있는지, 평소에 무엇을 좋아하는지 어느 순간 알게 돼. 인스타그램에 매일 글을 쓰다 보니 나는 항상 일상을 책과 연결해 쓴다는 걸 알게 되었어. 책 이야기라면 신나서 즐겁게 하는 모습이 어느 순간 보이더라고. 이처럼 매일의 기록을 쌓아 나가면 분명 내가 좋아하는 것이 서서히 보일 거야.

SNS에 글을 올리는 건 다른 사람에게도 공유한다는 의미라서 처음에는 민망하고 부끄러워 망설일 수 있어. 하지만 그 역시 글쓰기에 큰 도움이 된다는 걸 잊지 마. 남들이 보는 글이니 더 정돈해서 쓰고 싶다는 동기부여가 생길 수 있고, 헷갈리는 맞춤법이 있거나 생각을 표현할 적절한 단어가 떠오르지 않으면 사전을 찾아보거나 인터넷을 검색해서 맞게 쓰려고 노력하게 돼. 무엇보다 글쓰기의 지속성에 도움을 줘. 타인의 반응을 통해 오류를 스스로 고치는 게 반복되면 점점 성장하고, 좋은 글이 나올 수밖에 없어. 양질의 글쓰기가 자연스럽게 이루어지는 셈이지.

《아무튼, 메모》의 정혜윤 작가 말처럼 우리는 사소해 보이는 것들로부터 많은 영향을 받아. 강아지가 꼬리만 흔들어도 웃게 되고, 미세먼지가 심각한 날에는 무척 우울해지는 것처럼. 사소한 것들이 우리가 모르는 사이에 많은 걸 바꾸게 될 테니까, 매일매일 끄적거리는 글쓰기가 삶을 위한 재료이자 예열 과정이라 생각하고, 적극적으로 글쓰기에 도전하면 좋겠어. "우리는 단어를 읽지만, 그 단어를 살아 낸다"라는 보르헤스의 말이 있어. 각각의 단어를 쓰는 가운데 생각이 정교해지고, 언젠가는 그 단어들이 현실이 될지도 몰라. 자신만의 원칙으로 잠시 멈춰 나를 돌아보는 그 시간은 앞으로 어떻게 살아가야 할지를 결정짓는 시간이기도 해. 글 쓰는 과정에서 나만의 참고 자료를 차곡차곡 쌓아 보면 좋겠어.

= 10장 =

'인생 폴더'에 경험 파일을 저장하기

어른들이나 선생님은 인생에서 다양한 경험이 중요하다고 말해. 하지만 너희들은 딱 보면 대충 안다고 말하곤 하지. 하지만 직업의 장단점은 겉으로 봐서는 알 수 없어. 그 일을 직접 경험해야 적성에 맞는지, 재미있는지, 힘든 점은 무엇이 있는지, 그 부분도 감내할 수 있는지 잘 알 수 있어. 경험은 누가 대신할 수 없고, 돈으로 살 수도 없어. 순전히 자기가 느껴 봐야 할 몫이거든.

다들 뭔가 경험하기엔 시간이 없다고 말해. 하지만 나는 공부보다 경험이 먼저라고 생각해. 공부하지 말라는 이야기는 아냐. 경험을 통해 얻은 지식과 너만의 특색을 기본으로 해서 목표부터 먼저 세워야 한다는 말이야. 그래야 동기부여가 되어 주도적으로 즐거운 공부를 할 수 있고 진로를 향한 공부의 능률도 훨씬 좋아지니까. 2015년부터 중학교에서는 '자유학기제'를 시행하며 자기 탐색의 중요성을 강조했어. 이런 경향은 외국에서도 점점 증가하고 있어. '갭이어(Gap year)'라는 말 들어봤을 거야. 이 기간에 사람들은 자신을 탐색하고 궁금했던 일을 경험해. 우리나라에서도 대학생이나 직장인을 위한 갭이어 제도가 늘어나고 있어. 미래 사회에서는 개인이 갖추어야 할 최우선 역량으로 남다른, 깊이 있는 경험이 손꼽히거든.

대세 유튜버만의 특별함

교육부와 한국직업능력연구원에서 '2023년 초·중등 진로교육 현황 조사'의 결과를 발표했어. 부동의 1위인 운동선수라는 직업을 빼고 보면, 단연 '크리에이터'가 눈에 들어올 거야. '창작자'라는 뜻의 '크리에이터'가 요새는 온라인 플랫폼에 콘텐츠를 창작해 올리는 사람을 말하지. 쉽게 이야기하자면 유

순위	2021	2022	2023
1	운동선수	운동선수	운동선수
2	의사	교사	의사
3	교사	크리에이터	교사
4	크리에이터	의사	창작자(크리에이터)
5	경찰관/수사관	경찰관/수사관	요리사/조리사
6	요리사/조리사	요리사/조리사	가수/성악가
7	프로게이머	배우/모델	경찰관/수사관
8	배우/모델	가수/성악가	법률 전문가
9	가수/성악가	법률 전문가	제과·제빵원
10	법률 전문가	만화가/웹툰 작가	만화가/웹툰 작가

튜버 크리에이터를 떠올리면 돼. 그들은 지식, 가치, 신뢰, 소통을 기반으로 해서 지속 가능한 경제 생태계를 만들고 있지. 그러면 대세 유튜버가 되기 위해서는 어떻게 해야 할까? 외모가 멋지면 될까? 집이 부자면 될까? 아니야. 대세 유튜버들만의 공통점이 있어. 자신이 좋아하고 즐기는 게 분명하고, 다양한 경험을 바탕으로 자신만의 콘텐츠를 만든다는 점이지.

'Primitive Technology'라는 유튜브 채널을 본 적이 있어. 20대로 보이는 호주의 청년이 현대 문명의 도구를 이용하지 않고 무엇이든 손수 만들고 지으며 살아가는 모습을 내레이션 없이 보여 주는 유튜브야. 그는 직장에 다니면서 자연인의 삶을 공부하다가 유튜브에 영상을 업로드하기 시작했고, 구독자가 많아지자 회사를 그만두고 현재는 유튜브 영상 제작에 전념하고 있대. 숲속에서 말없이 나무를 비벼 불을 지피거나, 손수 만든 돌도끼로 나무를 잘라 집을 지어. 진흙을 구워 집 짓는 데 쓰고, 가재도구도 만들어. 누군가가 네게 구독자 천 명을 보장할 테니 산에 들어가 문명의 도구 없이 살아보라고 하면 어떨 것 같아? 하루 이틀이면 몰라도 그것을 꾸준히 하지는 못할 거야. 그는 이런 일상을 좋아하니까 가능한 거지. 자연에 살고 싶어 자연인의 삶을 공부도 했겠지만, 아마도 어렸을 때 여행이나 캠핑도 자주 다니고, 집 주변 자연에서 놀면서 비슷한 경험을 많이 해봤을 거야.

여행 유튜버로 유명한 빠니보틀과 노홍철이 최근에 쿠바로 여행을 떠났어. 빠니보틀이 이야기를 꺼냈지. 주위에서는 빠니보틀에게 하고 싶은 것만 하는데 어떻게 하는 것마다 다 잘되느냐고 묻는대. 노홍철도 그 대답이 궁금해서 이유를 물었지. 그때 빠니보틀이 귓속말로 이렇게 말해. "될 때까지 했어."

그는 한국인이 거의 가지 않는 지역을 방문하고 염가 여행을 하는 등 남들이 쉽게 경험하기 어려운 콘텐츠를 제공했어. 실패한 콘텐츠도 있었지만, 그런 실패의 경험을 발판으로 삼아 새롭고 재미있는 콘텐츠를 만들기 위해 노력했지.

다양한 캐릭터를 실감 나게 연기해 60만 유튜버가 된 '사내뷰공업' 김소정 PD도 자신만의 콘텐츠를 만들 수 있었던 이유를 이렇게 이야기해. "스무 살 때부터 육 년 동안 쉬지 않고 알바를 했어요. 그 경험 덕에 알바 콘텐츠로 이름도 알리게 된 거죠." 이런 사람들을 보면 다들 운이 좋아서, 특별한 능력이 있어서 성공했다고 생각해. 하지만 그 사람들도 지겹도록 실행하고 반복하고 실패를 경험해서 그 자리에 오른 거야. 실패가 성공으로 바뀔 때까지 하는 숱한 경험, 그리고 그 순간을 소중히 여기는 마음, 집념과 끈기가 정신을 건강하게 만들고, 몸을 움직이게 만들고, 성공하게 만드는 거지. 누구에게도 빨리 가는 길은 없어. 남들보다 더 많이 실패하고, 더 많이 경험하면서 그 자리로 간 거야. 아무것도 하지 않으면 아무 일도 일어나지 않지. 다양하게 경험하는 나를 존중하자. 언젠가는 지금의 경험이 다 보석처럼 빛날 날이 올 수도 있거든.

게임만 하던 친구가 발견한 예상 못 한 길

"선생님, 저 이번에 싱가포르에 있는 예술대학 디자인 커뮤니케이션 학과에 합격했어요. 그래서 찾아뵈러 왔어요. 8월에 출국해요!"

어느 날 졸업생이 학교에 찾아왔어. 누구지 하고 유심히 바라보니 작년에 수업을 들었던 연서였어. 항상 조용하고, 자습 시간을 주면 그림을 그려도 되는지 물었기 때문에, 미술에 관심이 있는 학생이라는 정도로 알고 있었지. 교실에서 연서는 존재감이 크진 않았어. 도전 정신과는 거리가 멀어 보였던 연서가 미술을 공부하기 위해 유학을? 이런 과감한 선택을 어떻게 했는지 무척 궁금하더라고. 진로에 대한 확신이 없다면 내리기 힘든 결정이니까. 그런데 그 확신이 닌텐도 게임에서 왔다면 믿어지니?

연서는 게임을 좋아하는 아버지 덕분에 어렸을 때부터 닌텐도 게임을 즐겼어. 부모님들은 대부분 방에서 게임만 하는 자식에게 잔소리하는데, 연서네는 달랐지. 새 게임이 나오면 게임 스테이지를 클리어하는 순간마다 아버지와 함께했대. 아버지와 일본으로 여행 가서도 닌텐도 상품만 파는 매장에 방문했고, 그렇게 관심 분야와 좋아하는 일을 연결하기 시작했다는 거야. 게임으로 시작해서 관련 음악과 그림까지 좋아하게 된 거지. 신선한 작품을 접하면서 새로운 분야에 눈을 떴고, 그 후로 더욱 세분화한 '서브컬처'를 경험한 거지. 그러면서 창의적인 작품을 작업하는 데 영감을 받았대.

고등학교에 들어와 연서도 진로를 고민했어. 그러다 떠난 일본 여행에서 '블루아카이브'라는 한국 인디 게임이 일본에서 유명한 것을 보며, 게임 분야에서 일해도 되겠다는 확신을 얻었대. 연서는 그때부터 열심히 노력했어. 하지만 뭐든 단번에 성공하기란 쉽지 않지. 왜냐하면 남들보다 훨씬 늦은 시기에 진로를 결정해서 시간이나 능력이 부족했거든.

연서는 그동안 일상의 스트레스를 치유해 준 건 그림이라는 것을 깨닫고, 그 길을 계속해서 나아가기로 결심했어. 내가 앞부분에서 계속 강조한 덕업일치가 완성되는 순간인 거지. 연서는 한국에서 미대 입시를 준비했어. 그런데 유학을 준비하는 학생들의 작업물을 보니 정형화되어 있지 않고, 독창성과 본인의 아이덴티티를 중요시하는 거야. 그걸 본 이후로 연서도 외국에서 공부하기로 마음을 먹은 거지. 결코 쉬운 일은 아니었어. 더 많은 시간을 들여 영어를 준비하고, 미술 실기는 그것대로 준비해야 했지. 연서는 좌절하고 싶을 때마다 프리랜서 아티스트가 되어 원하는 일을 할 수 있는 미래를 떠올렸다고 해.

얼마 전에 다시 연락이 왔길래 잘 지내냐고 물었더니, "선생님, 어려워요. 세상에 쉬운 게 어디 있겠어요? 열심히 해야죠"라고 말하더라. 다들 게임은 시간 낭비라며, 쓸모없는 경험이라며 섣불리 단정 짓곤 해. 하지만 어떠한 경험도 함부로 단정할 수 없어. 모든 경험은 삶을 살아가며 언젠가 다 꺼내 쓸 수 있는 재료가 되니까.

스티브 잡스는 리드 칼리지에 입학하여 철학 공부를 시작했어. 하지만 필수과목들을 모두 이수해야 한다는 학교의 규정이 마음에 들지 않아 1학기만 수강한 후 자퇴했지. 그런데 그는 바로 학교를 떠나지 않았어. 평소 듣고 싶었던 여러 강의를 자유롭게 듣다가 과학이 따라갈 수 없는 글씨체의 아름다움과 예술적인 미묘함에 매혹되어 서체 교육을 듣게 돼. 그때 그는 글자와 또 다른 글자의 조합에서 생기는 여백을 다양하게 적용하여 활자의 레이아웃을 멋지게 디자인하는 것에 대해 배우게 되는데, 10년 후 첫 번째 맥을 구상할 때 이 경험이 큰 도움이 되지. 맥의 복수 서체 기능, 자동 자간 맞춤 기능은 이때 배운 내용을 떠올려 적용한 것들이야. 덕분에 맥은 아름다운 서체를 가진 최초의 컴퓨터가 될 수 있었어. 아마 스티브 잡스도 수업을 들을 때는 자기 경험이 나중에 혁신의 바탕이 될 줄 예상조차 못 했을 거야.

《최재천의 공부》에 적힌 내용을 보면, 최재천 교수 또한 과거에 배운 일이 미래에 큰 도움을 주는 경험을 해. 최재천 교수는 남들 다 대학 입시 준비할 때 '조각'에 푹 빠져 미술반 활동을 했대. 아버지의 반대 때문에 조각 공부는 그만뒀지만, 그 경험은 훗날 예상치 못한 곳에서 빛을 발하지. 하버드대학교에서 박사 논문을 위해 민벌레 연구를 진행할 때였어. 민벌레는 서식 환경을 만드는 게 까다로워 이제껏 민벌레를 기르는 데 성공한 사람이 없었대. 이때 최재천 교수는 미술반에서 석고 조각을 했던 경험을 되살려 석고로 된 실험 용기를 직접 조각했어. 조각으로 민벌레의 서식지와 완벽히 동일한 환경을 구현하는 데 성공하지.

가끔 내가 하는 일이 쓸데없는 일은 아닐지 불안할 때가 종종 있어. 다른 친구들은 뭔가 목표를 향해 하나씩 차근히 자신의 단계를 밟아 나가는 것 같은데, 나만 제자리걸음 하고 있는 게 아닐까? 도대체 나는 뭘 하는 걸까? 깊은 좌절에 빠지기도 하지. 하지만 세상에 쓸모없는 경험은 없어. 무엇이든 쌓이고 쌓인 경험이 내 안 어딘가에 사라지지 않고 남아 있으니, 당장에 좋은 경험이 아니라고 실망할 필요 없는 거야. 살아가는 삶 자체가 훗날 나의 전문성이 되어 예상치 못한 선물처럼 찾아

올 테니까.

불확실하고 갑갑해? 잠재력은 최대로 상승 중

평생 일할지도 모르는 '직업'이라는 옷을 고르는 데에 우리는 좀처럼 시간을 투자하지 않아. 시간을 쓰더라도 쓸데없이 시간 낭비만 하는 게 아닐까, 지레 겁을 먹지. 하지만 외국의 갭이어를 생각해 봐. 진정으로 하고 싶은 일을 찾으려고 보내는 시간은 결코 인생을 허비하는 게 아니야. 앞서 잠깐 언급했던 갭이어에 대해 더 설명할게.

갭이어는 고등학교 졸업생이 대학에 진학하기 전, 1년간 여행, 취미 생활, 봉사 활동, 인턴십 등 다양한 경험을 하며 진로를 모색할 수 있는 기간이야. 그동안 학업으로 인해 자신을 되돌아볼 시간과 사회 경험이 부족했을 테니, 갭이어를 통해 흥미와 적성을 찾고 인생을 설계할 수 있게 하는 거지. 갭이어는 영국에서 처음 시작되었어. 1967년, 영국의 한 자선기관 프로젝트의 봉사 교육을 위해 세 명의 봉사자가 에티오피아로 떠난 것이 계기였지. 이후 유럽뿐 아니라 미국, 아시아권 국가까지 갭이어 제도를 도입하게 되었어. 한국에도 이런 제도가 있을까?

2015년부터 중학교에서 시행하고 있는 '자유학기제'가 비슷한 취지라고 생각할 수 있어. 자유학기제는 아일랜드에서 시행하는 갭이어 제도, '전환학년제'를 한국에서 벤치마킹한 것이거든. 한 학기 동안 학생들은 중간고사와 기말고사를 치르지 않아. 대신 학생 참여형 활동을 하지. 다양한 주제로 자유롭게 발표·토론하는 수업을 하고, 다양한 진로 체험의 기회를 얻을 수 있어. 교과서의 이론 수업에서 벗어나 진로·직업 체험을 하면서 인생 수업을 받게 하는 거지.

중학교 시절은 매우 중요해. 혼란스러워서 뭘 해도 자신감이 부족해지기 쉬운 시기지. 당장 결과가 보이지 않으니까 다양한 경험을 쌓는 데도 소극적이고 말이야. 그렇지만 이런 시기일수록 자기 발견을 위해 뭐든 해봐야 해. 하루 종일 공부하던 일상에서 잠시 벗어나 즐거운 추억도 많이 만들고 꿈이나 목표, 도전하고 싶은 분야를 구체화하는 시간을 갖는 거야.

고등학교 졸업 후 바로 대학에 진학하지 않고, 여러 활동을 직접 해볼 수 있게 돕는 서울형 청년 갭이어 제도도 있어. 이런 제도의 핵심은 '나의 재능이 뭘까?', '내가 이 일을 왜 해야 하지?', '지금 좋아하는 일이 있다면 그 이유는 뭘까?' 등의 질문을 통해 '나'를 알아가는 거야. 진짜 나를 알아야 내게 맞는 옷을 고를 수 있으니까.

"1년 정도의 충분한 시간이 없는데요?"라고 누군가 되물을 수 있어. 하지만 어떤 일을 경험하는 데 있어 꼭 1년이라는 시간적 제약을 둘 필요는 없지. 그 시간은 한 달이 될 수 있고, 일주일이 될 수도 있어. 일회성이 될 수도 있고. 앞에서도 말했듯 갭이어의 본질은 자기 탐색이기 때문에 자신에게 충실한 시간을 보내면 되는 거야. 물론 여기저기에서 열심히 경험하면서 시간을 보냈는데, 아무런 결과물이 없을 수도 있어. 다시 말하지만, 그렇더라도 경험한 내용은 절대 사라지지 않아. 오히려 결과와 상관없이 '나'를 찾으려는 그 과정 자체가 충분히 의미가 있어.

나는 수능 시험이 끝난 뒤 방학 동안 일해 보라는 친구의 제안을 받고, 백화점에서 넥타이를 판매한 적이 있어. '남자도 아니고 넥타이를 매본 적도 없는 내가 어떻게 넥타이를 팔지?' 하며 걱정했지. 그래도 최선을 다하는 마음으로, 손님이 오면 어릴 때 종이 인형에게 옷을 입히며 놀던 때를 떠올리며 여러 셔츠에 넥타이를 대보며 친절하게 응대했어. 어릴 때 경험을 살려 일했을 뿐인데, 어느 순간 매장의 매출이 올라가기 시작했어. 그전에는 내가 무언가를 팔 수 있는 사람은 아니라고 생각했거든? 모르는 사람 앞에서 이야기를 잘할 수 있다는 생각은 더더욱 못했고. 그런데 막상 해보니까 달랐어. 상품을 추천하고 코디하는 데 진심이었던 거야. 결국 해본 후에야 알게 된 거지. 전혀 예상하지 못한 곳에서 내가 잘할 수 있는 일을 발견했던 거야.

반대의 일도 겪었어. 앞서 말했던 것처럼 나는 패밀리 레스토랑에서 주문받고 파티를 열어 주는 직원들의 모습이 보기 좋아서 주말 알바를 지원해 일했지. 그런데 겉으로 보는 것과 직접 내가 하는 일은 전혀 다르더라. 나는 예쁜 유니폼을 입고 메뉴판을 들고 웃으며 주문받는 일만 생각했는데, 식재료 손질도 해야 했거든. 이 일로 나는 깨달았어. '보이는 것과 실제 하는 일이 이렇게 다를 수 있구나! 모든 일은 직접 경험해 봐야 내게 잘 맞는지 안 맞는지 정확히 알 수 있겠구나!'

좋아하거나 잘하고 싶은 일을 내 진로로 정하는 게 진로 선택에서 기본이야. 하지만 막상 그 일을 하다 보면 생각보다 재미가 없거나 귀찮은 작업을 많이 해야 하는 등 예상치 못한 일이 종종 생겨. 그 부분에 대해 미리 경험하지 않으면 모를 수밖에 없지. 단점은 생각하지 못하고 환상만으로 직업을 선택한다면 예상과 달라서 쉽게 포기할 수도 있어.

다시 한번 말하지만 진로를 확실히 정한 사람은 드물어. 그런 상황에서 길이 안 보인다고 좌절하면 안 돼. 오히려 불확실성에서 긍정적인 면을 발견할 수 있어야 하지. 불확실한 만큼 우리 삶에 최고로 집중하게 되는 거야. 무언가 정해져 있고 나아질 필요를 느끼지 못한다면 현실에 안주하며 살겠지. 하지만 이럴수록 우리 능력을 최대로 끌어올려 최선을 다해야 하는 거야. 그러니까 이 상황이 잠재력과 가능성을 최대치로 높이는 데에 큰 역할을 하는 거지.

반전 있는 영화의 결말을 누군가의 스포일러로 알게 되면 어때? 영화를 보는 내내 큰 긴장이나 즐거움이 없겠지? 영화의 장면들이 시시하게 느껴지면서 집중력이 떨어져. 하지만 확실하게 결말을 모르는 영화를 볼 때는 어때? 여러 가지 생각을 하게 돼. '주인공이 죽는 건가?' '돌아오지 못하는 건가?' 조마조마하지. 다음에 어떤 내용이 전개될지 궁금해지고. 나는 우리가 느끼는 좌절과 불안을 이 같은 불확실함을 이겨 내는 과정, 우리의 잠재력을 이끌어 내는 과정으로 보았으면 해. 그러면 이 순간을 소중하게 생각하고 이겨 낼 수 있지 않을까? 나의 현재는 어떤 식으로든 미래와 연결되는 거니까. 이것을 믿고 앞으로 나아가 보자고.

= 11장 =

나의 성장을 위한 '홀로움'의 순간

'홀로움'이라는 단어 들어본 적 있어? '홀로'와 '즐거움'을 합성한 이 말은 '외로움을 통한 혼자 있음의 환희'라는 뜻을 담고 있어. 홀로 있어서 슬프고 힘든 게 아니라 오히려 스스로 환해지는 시간, 즉 환해진 외로움을 의미하는 거지. 이 단어는 황동규 시인이 2000년에 펴낸 시집 《버클리풍의 사랑 노래》(문학과지성사)에 실린 〈1997년 12월 24일의 홀로움〉이라는 시에서 나온 조어야.

나는 처음에 '홀로'와 '외로움'의 합성어인 줄 알고 외로움과 고독의 측면에서 단어를 바라봤어. 그래서 '도대체 뭐가 환해진 외로움이라는 거야!'라고 오해했지. 앞에서 말했다시피 이 단어는 '자발적으로 홀로 있음'을 의미해. '홀로 있음'을 일부러 행하는, 외로움의 감정을 떼어 내고 즐거움을 덧붙이는 그런 일상을 말하지. 집에 혼자 있으면서 음악을 들어도 좋아. 취미 생활을 해도 좋고, 청소해도 좋아. 뭐든 즐겁게 몰입할 수 있는 자기만의 시간을 만드는 거지. 갑자기 왜 이런 이야기를 하냐고? 혼자 있는 시간은 세상과 연결된 나의 존재를 깨달아 가는 시간이고, 우리에겐 반드시 이 시간이 필요하거든.

혼자일 때 만나는 나

평소 우리는 학교에서 친구들과 함께 시간을 보내고 나면, 학원에서 또 친구들과 만나. 집에 돌아오면 어때? 오늘 하루 뭐 했는지 나를 돌아보며 혼자만의 시간을 보내기보다는 친구들과 문자를 주고받으며 하루를 마무리할 때가 더 많지. 친구는 인생을 풍요롭게 만들어 주는 소중한 존재야. 친구와 함께할 때 행복하고, 가치 있다고 느낄 때도 많지. 인간관계를 잘 만드는 건 살아가는 데 있어서 매우 중요한 일이야.

하지만 친구와 늘 함께하는 건 문제가 있어. 나는 어릴 적에 친구들과 시간을 보내느라 혼자 생각할 시간이 없어 공허했어. 나름대로 일상을 정리하고 숨을 고르는 시간도 필요한데, 나만의 시간이 너무 없었던 거지. 그래서 혼자 있는 시간을 즐기려고 자발적 '아싸'가 됐어. 그 시간은 외롭지 않았어. 오히려 '나'와 온전히 하나가 되면서 나에게 더 가까워지는 고독에 가까웠어. '이번 시험에서 성적이 떨어진 이유가 뭐지?' '요즘 가장 힘든 게 뭘까?' '요즘 한 일 중에 즐거움을 느꼈던 게 뭐지?' 일상에서 이런 고민은 무척 흔해. 하지만 이 질문에 대한 대답은 온전히 나에게 집중하는 시간, 즉 혼자 있는 시간을 보낼 때만 찾을 수 있지. 이렇게 나를 더 객관적으로 바라보는 횟수가 많아지면 '메타인지'가 올라가면서 학업적 성과를 거둘 수 있고, 대인관계로 인한 문제점도 빨리 발견할 수 있어. 혼자 있는 동안에 마음을 정리하고 긍정적인 에너지를 충전했기 때문이지.

'홀로움'의 시간을 잘 가지려면 어떻게 하면 좋을까? 나는 독서를 통해 '홀로움'에 몰입했어. 저자의 이야기를 따라가며 스스로 질문했지. '나라면 이 상황에서 어떻게 할까?' '등장인물과 나를 비교하면 내 상황이 더 나은 것 같기도 한데?' 이런 질문을 반복했더니 나 자신과 적극적으로 대화를 시도하고 마음속을 들여다볼 수 있었어. 꼭 책을 읽어야 한다고 강조하는 말은 아니야. 명상, 글쓰기, 그림 그리기 등 자신만의 '홀로움'을 함께할 대상을 정해 놓으면 시간을 훨씬 더 의미 있게 보낼 수 있다는 이야기야.

뇌 과학자들이 밝혀낸 내용을 하나 알려 줄까? 앉아 있는 것보다는 걸을 때 생각 회로가 활성화된대. 낯설고 복잡한 장소를 걷는 것보다는 익숙한 곳을 걷는 게 효과적이라고 하니 집 근처 산책도 좋겠지. 이런 시간에는 스마트폰의 카톡을 포함한 대부분의 알림을 무음으로 해두는 게 좋아. 누군가 연락할까 봐 나도 모르게 들춰 볼 수 있으니까. '홀로움'의 시간에는 아예 꺼두거나 서랍 안에 넣어 두면 더 좋겠지. 혼자만의 시간을 가져봐. 내면을 차분히 다스리는 과정에서 얻는 긍정적·부정적 감정이 분명 우리의 성장에 밑거름이 될 테니까.

재능? 그건 그냥 나 자신을 믿는 힘

배우 전여빈은 청룡영화제 여우조연상을 받는 자리에서 '중꺾그마(중요한 건 꺾여도 그냥 하는 마음)'에 대해 이야기했어. 그녀는 힘든 상황이 왔을 때 얼마든지 꺾여도 괜찮다고 스스로 말했대. 지레 겁먹지 말고 그냥 해도 된다고. 잘할 수 있다!

괜찮다! 이런 응원이 언젠가 실체가 되어 엔진이 될 수 있으니 자기 자신에게 응원해 주라고. 누군가가 자신의 길을 망설이고 있고, 믿지 못하고 있다면 스스로 믿어도 된다고 응원해 주고 싶다고. 그러면서 작품 속에서 감독과 나눴던 대화를 언급하지.

- 내가 재능이 없는 걸까요?
- 너 자신을 믿는 것이 재능이야. 그게 재능이지.

다른 사람을 믿는 마음만큼 나를 믿자는 이야기였어. 이 수상 소감을 전해 듣는데 잔잔한 감동이 밀려오더라. 우리가 다른 사람은 관대하게 바라보면서 자신에게는 너무 가혹하고 엄격한 게 아닐까? 일이 안 풀릴 때 다른 사람에게는 너그러우면서 스스로에게는 그것도 못 하냐며 채찍질하잖아. 그러면서 나를 과소평가하고.

하지만 '중꺾그마'는 나 자신을 믿는 게 최우선이라는 의미를 담고 있어. 그리고 '이게 아닌가?', '내가 많이 부족한가?' 이렇게 자기 능력에 대한 회의가 느껴져도 포기하지 말고, 스스로 다독이며, 원칙과 소신으로 쭉쭉 밀어붙이라는 뜻도 담겨 있고. 왜 이런 마음이 필요할까? 우리는 비교와 평가가 익숙한 사회 속에 살고 있기 때문이야. 무슨 일 하나를 시작하면 금세 성과를 따지고 남과 비교하는 사회지. 그러니 조금 뒤처지거나 제대로 하지 못하면 스스로 먼저 깔아뭉개기 십상이야. 하지만 그러면 자존감이 떨어지고 하기 전부터 '내가 될까?' 하며 움츠러들어. 어떤 일도 추진력 있게 해나갈 수 없지. 나 자신에게 먼저 '좋아요'를 눌러 줘야 해. 그래야 내가 가진 것에 무게를 두게 되고, 나에게 공감하면서 존재감을 키워 낼 수 있지. 그러면 우리 인생은 더 풍요로워질 수 있어.

얼마 전, 수능이 끝난 고3 학생들 교실에 수업하러 들어갔다가 이런 장면을 보았어. 담임 선생님이 가정체험학습 서류를 쓰는 학생들을 지도하고 계셨지. "애들아, 한 항목도 빠뜨리지 말고 집중해서 쓰고 제출해라. 장소랑 날짜 꼼꼼하게 살펴보고!" 그랬더니 한 학생이 들릴 듯 말 듯 혼잣말로 이렇게 얘기하는 거야. "집중한다고 해결될 일인가? 이미 근본이 글러 먹었는데……."

나를 대하는 말부터 조금씩 바꿔 보면 어떨까? '긍정적으로 생각하자. 나는 잘할 수 있어!' '나는 될 놈이야!' '조금 어렵지만, 노력하면 해낼 수 있어!' '겁먹지 말자. 지금까지 잘해 왔잖아.' 이렇게 습관처럼 나 스스로 믿어 보자. 그 믿음만큼 뛰어난 능력은 없으니까.

누가 보든지 말든지 신경 쓰지 않고 꾸준하게

"사계절이 흘러가듯 각자가 다른 시기에 주목받을 것으로 생각한다. 나의 계절은 조금 늦게 올 뿐이라고 믿고 있다." 신인 아이돌에서 지금은 대세 배우 반열에 오른 2PM의 이준호가 스무 살이던 2010년에 〈강심장〉이라는 예능 프로그램에 나와서 한 말이야. 그 어린 나이에 스스로 이런 위로를 건넬 수 있다니, 그는 어떤 삶을 살아온 걸까?

그는 열일곱 살에 오디션 프로그램에 나와 1등으로 뽑혔어. 하지만 아이돌로 데뷔한 후 바로 주목받지는 못했어. 그룹의 다른 멤버들이 잘나가는 5년 동안 그는 개인 활동이 하나도 없었지. 역주행 영상으로 팀이 인기몰이할 때도 사람들은 "2PM에 이준호가 있었어?"라고 물을 정도였지. 이준호의 솔로 부분이라 무대에서 그에게 카메라 줌인이 들어가야 했을 때조차 화면에는 전체 샷이 잡혔대. 어린 마음에 얼마나 속상했을지 상상도 되지 않아.

그는 어느 날, '그럼, 내가 다른 멤버들보다 잘하는 게 뭘까? 그래, 내가 아크로바틱을 잘하니까 그걸 열심히 하자!'라고 생각했대. 하지만 아크로바틱을 하다가 심하게 다치고 말았지. 병원에 누워 있으면서 그 어린 나이에 '나는 아무것도 못 하는 쓸모없는 사람이구나!'라고 생각했대.

그래도 끝까지 좌절하거나 포기하지는 않았어. 그는 누가 봐주지 않아도, 누가 보든지 말든지, 오늘 할 일에 집중해 매일 성실하게 보냈어. 자신을 믿으면서 자기 자리에서 꽤 오랜 시간 동안 최선을 다했지. 그런 순간이 모이자, 그에게 뒤늦게 '입덕'한 사람들은 그의 외모나 노래, 춤보다도 스스로에 대한 믿음으로 꾸준히 최선을 다한 그의 시간을 지켜보며 감동했어. 포기하지 않고 꾸준히 해온 담금질의 시간이 있었기에 그가 최고의 자리에서 빛나고 있는 건지도 몰라.

꾸준히 열심히 하려면 어떻게 해야 할까? 바로 루틴(routine)을 만들면 돼. 루틴의 사전적 의미는 특정한 작업을 실행하기 위한 일련의 명령, 프로그램의 일부 혹은 전부를 말해. 쉽게 말하면 하루의 습관을 만들라는 거야. 현실적인 목표를 설정하고 시간을 확정해서 매일매일 실행하며 진행 상황을 모니터링하라는 의미야.

나는 몇 가지 루틴이 있어. 아침에 일어나자마자 따뜻한 물 한 잔 마시기, 오전 5시에 일어나기, 한 시간 글쓰기, 독서 및 필사하기, 점심 식사 후 운동장 한 바퀴 돌기, 1일 1피드 쓰기 등. 보니까 별거 없지? 루틴이라고 해서 대단한 행위일 필요는 없어. 루틴은 아침을 활기차게 열고 저녁에 하루를 기분 좋게 마무리하는 데 도움이 되는, 든든한 일상을 만드는 하나의 레시피니까.

큰 목표를 더 작고 달성하기 쉬운 단계로 나눠 봐. 달성한 작은 성과를 축하하고 목표를 향해 계속 노력하는 동기로 사용하면 좋을 거야. 가끔 빠지는 날이 있을 수도 있어. 하지만 목표가 어렵지 않으니까 최대한 지키려고 의식적으로 꾸준히 노력했더니 도움이 될 것 같지 않은 사소한 일도 모이고 모여 미래를 위한 내 힘이 되더라. 여기서 주의할 점은 루틴의 항목을 선정할 때 '무엇을'보다 '꾸준히'에 초점을 맞추는 거야. '항목'보다 중요한 것은 뭔가를 꾸준히 하면서 나에게 작은 성공 경험을 매일매일 주는 것이라는 걸 기억해.

"최고의 자리로 갈 수 있는, 누구나 할 수 있는 방법이 있다. 바로 꾸준함에서 최고가 되는 것이다. 그것은 인간이라면 누구나 할 수 있다. 내가 남들보다 조건이 좋지 않다면 꾸준함에서 상위 1퍼센트가 되도록 노력해야 한다."

《부의 통찰》에 나오는 말이야. 어떤 일에 대한 불확실함이 기본으로 깔린 나이, 이때 자기 신뢰를 바탕으로 한 꾸준함은 무언가를 성취해 나가는 데 가장 필요한 자세라는 걸 잊지 마.

하나씩 하나씩 좋아하는 마음을 이어 보자

입학식 날, 키가 190cm는 돼 보이는 학생이 있었어. 누가 봐도 농구를 하면 잘하겠다 싶을 만큼 훤칠했지. 알고 보니 역시나 그 학생은 중학교 때까지 농구부에 소속돼 있었대. 그런데 중학교 2학년 때 경기 중 부상으로 농구를 그만두게 된 거야. 그 학생은 중학교 3학년, 1년 동안 스스로 꿈도 희망도 없는 쓸모없는 인간이라는 낙인을 찍으며 살았지. 그렇게 방황 속에 있던 어느 날, 문득 '아직 열여섯 살밖에 안 됐는데 이렇게 살면 안 되겠다!'라는 생각이 들었대. 그 학생은 고등학교 입학과 동시에 열심히 공부하기 시작했어.

그 학생에게 공부가 쉬웠겠어? 중학교 내내 운동한다고 공부랑은 담쌓고 지냈으니 '흰 것은 종이요, 까만 것은 글씨' 이런 마음으로 수업 시간을 견뎌야 했지. 하루는 수학 선생님을 찾아가 고백했어. "선생님, 제가 수학 기초가 하나도 없어요. 수업 시간에 아무것도 모르겠는데 어떻게 해야 할까요?" 수학 선생님은 '중학교 수학부터 다시 시작하라!'라는 미션을 내 주셨어. 모르는 게 수학뿐이었을까? 영어 선생님에게도 말했지. "선생님, 영어 공부 처음부터 해보려는데 어떻게 해야 하죠?" 영어 선생님 또한 중학교 수준의 문제집을 알려 주면서 매일 단어를 꼼꼼하게 외우고 해석하라고 격려해 주셨어.

물론 그런다고 갑자기 수학 문제가 술술 풀리고, 영어 독해가 쉽게 될 리가 없잖아. 그 학생은 1학기 중간고사 때 시험 범위의 영어 본문을 모두 외워서 시험을 봤어. 엄청난 노력이었지. 그러니 성적이 안 오를 수가 없었어. 상위권으로 꾸준히 올라갔고, 고등학교 졸업 때에는 성적우수상까지 받았어. 목표를 향해 꾸준히 노력하는 모습이 어떤 건지, 그렇게 목표를 향해 노력하면 어떤 결과가 나타나는지를 제대로 보여 줬던 거야. '처음부터 꾸준히, 좌절하지 않고 최선을 다하는 아이는 결국에 자기 목표를 이룬다'라는 생각이 들었지.

그런데 그 친구는 또 다른 능력이 있었어. 좋아하는 것과 자기 진로를 연결하는 능력. 이 아이는 자기가 좋아하는 것도 포기하지 않았던 거야. 무슨 말이냐고? 그 학생은 결국 '경영학과'로 전공을 선택했거든. 내가 물었지. 왜 그 전공을 선택했느냐고. 그랬더니 이렇게 말하더라고. "제가 좋아하는 것을 놓치고 싶지 않아서요." 그 학생은 스포츠 에이전트라는 진로를 위해 지금도 열심히 노력하고 있어.

나는 이렇게 자기가 좋아하는 것을 놓치지 않고 다른 것과 연결하는 마음이 진로를 선택하는 데 무엇보다 필요한 능력이라고 생각해. 이 아이처럼 운동을 좋아하지만 선수로서 능력은 부족하다는 생각이 들 수 있어. 이때 당장 발을 끊고 다른 분야를 찾는 게 아니라 좋아하는 마음을 살릴 수 있는 또 다른 직업을 찾아보는 거지. 선수가 운동에만 집중할 수 있도록 구단주나 협찬사, 광고주와 계약하는 등 선수의 외부 활동을 대신해 주는 에이전트를 꿈꿔 볼 수도 있고, 종목에 대한 열정과 안목이 있으면 구단에 소속되어 있으면서 팀에 도움이 될 선수를 추천하는 스카우터도 될 수 있지.

물리치료학과를 졸업하면 스포츠 트레이너가 되어 선수들이 경기에서 최상의 컨디션을 발휘할 수 있도록 도움을 줄 수 있어. 그 종목에 대한 지식이 많고 언어 구사력이 좋으면 스포츠 해설가에 도전할 수도 있고. 운동을 잘했던 선수가 해설도 잘할 수 있지만, 그 종목에 대한 지식의 깊이가 더 중요하니까. 글 쓰는 걸 좋아한다면 스포츠 기자를, 사진 찍는 것을 좋아한다면 운동 경기를 촬영하는 사진작가가 되어도 좋을 거야.

좋아하는 마음을 살릴 때 '좋아하는 이유'를 생각해 보면 전혀 관계가 없을 것 같은 직업과도 연결할 수 있어. 여러 가지 레시피로 새로운 맛을 만드는 게 좋아서 요리를 좋아하는 친구가 있어. 이 친구는 창의성을 살려서 기업에서 신상품을 개발하는 개발자가 되어도 좋을 거야. 이기기 위한 전략을 짜는 게 재미있어서 게임을 좋아하는 친구가 있다면 전략 짜는 기술을 이용해서 무언가를 판매하는 영업 사원 일이 잘 어울릴 거야. 손으로 뭔가 만드는 게 재미있어서 미술을 좋아하는 친구라면 손재주를 이용해 가구 제작자나 벽지 디자이너가 될 수도 있겠지.

이유를 생각해 보는 것은 정말 중요해. 어떤 점이 좋은지, 내가 왜 이걸 좋아하는지 마음 깊숙이 들여다보면 자신이 하고 싶은 일을 넓게 바라볼 수 있거든. 많은 선택지가 생기면 자신이 하고 싶은 일을 선택하는 게 더 쉽지. 세상에는 좋아하는 마음을 살릴 수 있는 직업이 꽤 많으니까, 이게 아니라고 지레 포기하지 말고 좋아하는 것에 대한 마음을 다른 기회와 연결해 보면 어떨까?

활동 1: 자신이 평소에 좋아하는 것과 그 이유를 쓰고, 이를 확장해 새로운 직업을 찾아보자.

좋아하는 것	좋아하는 이유	직업
예) 요리	다양한 레시피로 새로운 요리를 만드는 것이 재밌다	상품 개발자

활동 2: 다음의 예를 참고하여, 나의 하루 루틴을 만들어 보자. '꾸준히' 하고 싶은 습관을 적는 것이 좋다.

예시

시간	하루 루틴
아침	따뜻한 물 한 잔 마시기, 미라클 모닝, 하루 10분 필사하기
점심	점심 식사 후 운동장 한 바퀴 산책하기, 1일 1피드 글쓰기
저녁	레그레이즈 10개씩 3세트, 마스크팩 하기, 독서 20분

나의 하루 루틴

시간	하루 루틴

4부

미래, 곁눈질은 그만하고 내가 직접 만들어야지

= 12장 =

독서가 진로 발견의 지름길이 될까

예전엔 중고등학교 학생들에게 근면, 성실, 인내를 강조했어. '인내는 쓰다, 그러나 열매는 달다', '고생 끝에 낙이 온다'라는 말이 급훈의 단골 문장이었지. 지금은 근면, 성실, 인내가 환영받지 못해. 왜냐하면 근면, 성실하기만 하면 되는 일들은 이제 기계가 다 해주기 때문이야. 《노동의 종말》의 저자인 제러미 리프킨은 노동자가 거의 없는 세계로 향하는 지금, 우리는 더욱 창의적인 일을 위해 진보해야 한다고 말하지. 앞으로 도

래할 20:80 사회(20%만 의미 있는 직업을 가지는 사회)에서 주요 교과목에 수록된 기존의 지식을 암기하거나 취업하기 위한 도구적 기술을 습득하는 일은 큰 의미가 없다는 거지.

창의력과 아이디어가 필요할 때

4차 산업혁명처럼 기술적인 발전과 혁신이 산업 전반에 영향을 미치는 시대에서는 인공지능, 자동화, 로봇공학 등의 기술에서 창의융합을 뺀 나머지는 모두 로봇과 인공지능의 몫이 될 거야. 로봇과 인공지능에 밀려나지 않기 위해서는 무엇보다 로봇이 할 수 없는 일, 로봇이 가질 수 없는 자질에 대해 고민하는 편이 더 의미 있을 거야. 새로운 아이디어를 생성하고 창의적인 해결책을 찾을 수 있는 '창의력'이라든지, 다양한 분야의 전문가들과 논의하고 정보를 공유하는 '협업'이라든지, 기술의 발전을 윤리적 측면에서 고려해 볼 수 있는 '윤리적 사고' 등의 자질 말이지.

실제로 4차 산업혁명을 선두에서 이끄는 구글이 가장 중시하는 덕목 또한 협업이야. 2016년 다보스포럼도 미래 사회에 필요한 핵심 능력 가운데 하나로 '협업'을 꼽았대. 앞으로는 창의력, 상상력, 협동심, 사회성, 인문적 교양, 배려, 감성, 직관력, 통찰력, 공감, 연민 등의 자질을 가진 사람들이 로봇이 할 수 없는 창의적이고 생산적인 직업에 종사할 테고, 보다 가치 있는 삶을 살 거야. 그러면 이러한 것들을 어떻게 자연스럽게 배워 나갈 수 있을까? 정답은 바로 독서야.

스티브 잡스는 어렸을 때부터 독서를 무척 즐겼는데, 학교 선생님이 걱정할 만큼 독서광이었대. 사람들이 애플사의 제품을 좋아하는 이유가 뭔지 알아? 바로 혁신적인 제품이기 때문이야. 비결은 뛰어난 기술이 문학, 교양의 교차점에 있도록 노력했기 때문이고, 그런 인문학적인 소양의 바탕에는 '독서'가 자리를 차지했어.

특히 잡스는 허먼 멜빌의 《모비딕》에서 혁신적인 정신과 대담한 도전 정신을 배웠어. 니콜로 마키아벨리의 《군주론》을 통해 경영과 리더십에 대한 통찰력을 얻었고. 잡스가 이런 말을 남겼다지. "인류가 현재까지 발견한 방법 가운데서만 찾는다면 당신은 결코 독서보다 더 좋은 방법을 찾을 수 없을 것이다. 독서와 혼자만의 시간을 가지고 새로운 일을 도모하라." 누군가의 눈에는 그가 책만 읽으면서 시간을 허비하는 것처럼 보였겠지만, 실제로는 그 경험들이 쌓여 뛰어난 창업자가 될 수 있었지.

"오늘의 나를 키워 준 것은 내가 태어난 작은 시골 마을의 초라한 도서관이었다.” 마이크로소프트의 창업자이자 세계적인 부호인 빌 게이츠도 독서광이야. 1년에 50여 권의 책을 읽는데, 평일에는 무조건 한 시간, 주말에는 서너 시간씩 책을 읽는대. 본인이 알던 견해와 다른 견해의 책을 발견하면 여백에 자기 생각을 메모하며 책을 읽고, ‘Think Week(생각 주간)’라고 해서 1년에 한두 번씩 2주간 외부와의 접촉도 끊고, 오롯이 독서와 사색에 잠기는 시간을 갖는대. 무려 40년째 말이야.

일론 머스크 또한 어린 시절, 우주 관련 책에 빠져 공상하고 사유하던 시간이 지금의 자신을 만들었으며, 우주로 나아가고 싶은 꿈을 꾸게 했다고 이야기한 적이 있어. 동시대 사람들에게 영감을 주고, 사고의 새로운 프레임을 제시하는 그는 지금까지 약 1만 권에 달하는 책을 읽었지.

독서의 중요성에 대해 한참을 이야기하고 나면 학생들에게서 어김없이 이런 이야기가 나와. “선생님 유튜브에 10분, 20분이면 다 알 수 있게 책이 요약되어 있는데, 왜 읽어요?” 내가 뭔가 답하려고 하면 한 친구가 이런 말을 해. “야! 무슨 소리야. 5분짜리도 많아!”

유튜브에서 책을 소개하는 내용은 ‘정보(information)’야. 정보는 특정한 개인이나 그룹이 구체적 상황에서 행동하는 데 필요한 지식의 부분적 집합을 말한대. 쉽게 말하면 실제 문제

해결에 도움이 될 수 있는 형태로 정리된 지식을 의미하는 거지. 하지만 독서는 '정보'를 얻기 위한 것뿐만이 아니라 '생각'을 하기 위한 도구야. 정보와 생각은 다른 거잖아. 책의 줄거리 같은 정보만 원하는 사람은 유튜브나 인터넷 검색으로도 충분히 자신이 원하는 것을 찾아낼 수 있지만, 책은 정보로만 구성된 것이 아니야. 생각을 자극하는 훌륭한 도구거든. 읽으면서 그저 고개만 끄덕이는 것이 아니라 스스로 생각하며 읽을 수 있고, 읽는 동안 그 주제와 질문에 대해 내가 얼마나 많은 시간을 투자하느냐에 따라 책을 읽은 뒤 생각의 깊이가 달라져. 인공지능은 '정보'를 찾아내지만, 우리는 책을 통해 로봇이 하지 못하는 '생각'을 해낼 수 있지. 믿지 못하겠다고? 그럼 나와 챗GPT가 나눈 대화를 한번 볼래?

Q (나) : 미하엘 엔데의 《모모》는 어떤 책이니?

A (챗GPT) : 《모모》는 독일 작가 미하엘 엔데의 소설로, 1973년에 처음 출간되었습니다. 한국에서는 '모모'라는 제목으로 번역되어 출간되기도 했습니다. 이 책은 어린이와 청소년을 대상으로 쓰였지만, 성인 독자에게도 인기를 얻은 작품 중 하나입니다.

소설의 주인공인 모모는 시간을 소비하고 즐기는 법을 알려 주며, 시간이 소중하다는 주제를 다룹니다. 이 소설은 고요한 마을과 특별한 능력을 지닌 주인공 모모를 중심으로 하며, 시간의 가치와 사람 간의 소통이라는 주제를 탐구합니다.
작품은 깊은 사색과 함께 아이들에게도 전달하고자 하는 가치 있는 교훈이 담겨 있습니다. 《모모》는 시간과 인간관계에 대한 철학적인 측면을 담고 있어 다양한 독자층에서 호평받은 작품 중 하나입니다.

《모모》를 읽고 어떤 생각이 들었니?

죄송합니다만, 저는 실제로 책을 읽거나 개인적인 경험을 가지고 있지 않아 《모모》에 대한 개인적인 생각이나 감정을 전달할 수 없습니다. 하지만 《모모》는 시간 관리, 소통, 인간관계에 대한 풍부한 내용을 담고 있는 작품으로 알려져 있습니다.

누군가가 "너의 인생 책이 무엇이니?"라고 물을 때 내가 망설임 없이 대답하는 책이 있어. 바로 챗GPT와 이야기했던 그 책, 《모모》야. 회색 신사의 방문 후에 사람들은 돈을 벌거나 중요한 사람이 되기 위해 무조건 시간을 아껴. 예전의 따스한 정은 사라지고, 점차 차갑고 삭막해졌지. 이런 사람들 사이에서 모모는 특별했어. 무엇을 어떻게 해야 할지 모르는 사람들에게 스스로 무엇을 원하는지 정확히 알 수 있게끔 도왔어. 그들의 이야기를 귀 기울여 들어주었지. 그 후에 사람들은 자기 생각에 대한 확신으로 문제점을 해결했고, 결국 회색 신사들을 쫓아낼 수 있었어.

내가 이 책을 인생 책으로 꼽는 이유는 챗GPT가 말한 것과 같아. 시간의 가치, 사람 간의 소통에 대해 생각해 볼 수 있는 이야기니까. 하지만 그게 전부는 아니야. 나에게 생각할 거리를 던져 주기 때문에 좋은 책이라고 생각하는 거야. 모모가 사람들의 이야기를 잘 들어주는 모습을 보고, '학생들 말에 귀 기울이며 그들 마음속에 정리된 생각대로 스스로 행동할 수 있도록 지도해야겠다'라는 생각이 들었거든. 또 회색 신사의 말이나 태도에서 시간에 쫓겨 살면서 정작 중요한 것을 잊은 게 아닌지 고민했고, 나의 내면에 집중하는 몰입의 중요성을 알 수 있었어. 나만의 고유한 생각을 키워 나가게 된 거지. 평소 우리는 깊이 생각하지 않고 행동하잖아. 그런데 손으로 책을 만지고 책장을 넘기는 독서를 통해 우리의 일상을 자극하면 나만의 생각을 찾을 수 있어. 그럼, 어떤 책을 읽으면 좋을까?

책에서 만나는 각성의 순간

학생들은 셰익스피어를 읽나요? 야만인이 물었다.

물론 안 읽습니다. 우리 도서관에는 참고서들만 비치합니다.

《멋진 신세계》에서 사람들은 자신의 역할을 수행하기 위해 참고서만 읽고, 시간이 나면 오락에 탐닉해. 고통을 해소하는 방법으로 소마를 찾으며 약에 의존하지. 하지만 존은 셰익스피어를 통해 인간의 욕망과 사랑과 죽음과 고통을 바라보고 성장해 나가. 수많은 관계 속의 비극을 통해 결국 죽을 수밖에 없는 인간에게 삶은 무엇인지, 왜 죽음을 기억해야 하는지, 왜 살아가야 하는지, 삶의 표면 아래에는 무엇이 있는지를 들여다보지. 그러면서 책을 통해 '각성의 순간'을 만나. 그 각성의 순간을 통해 우리는 삶을 다르게 볼 수 있는 힘을 얻지.

이렇듯 누구나 세상을 바라보는 자신만의 안목이 필요해. 머릿속에 지식이 많이 입력되면 나오는 것도 많겠지? 독서는 거기에 딱 맞는 역할을 해주지. 읽은 게 많으면 밖으로 많이 내보낼 수 있어. 새롭게 쌓은 지식을 통해 사람들과 대화할 풍부한 이야깃거리가 생기겠지. 대화를 알차게 이끌어 가는 든든한 자원이 돼. 교류되는 정보가 고급스러워질 수밖에 없는 거야.

그리고 무엇보다 독서는 진로를 탐색하는 가장 간단한 방법이기도 해. 독서는 자신에 대한 이해를 돕거든. 직업 세계 및 학업에 대한 정보를 얻기도 하고 학업 역량을 향상시킬 수 있어. 게다가 지적 호기심과 탐구심에 자극받으며 시야를 넓힐 수 있지.

공강 시간에 도서관에서 방황하는 학생들에게 진로와 관련된 책을 안내하고 지도한 적이 있어. 홀랜드 직업 유형에 따른 여섯 가지 유형도 알려 주고 그 안에 포함된 책도 소개했더니, 문과를 선택한 학생들은 약속이나 한 듯 《사피엔스》, 《정의란 무엇인가》와 같은 책을 고르더라. 이과를 선택한 학생들은 《총 균 쇠》, 《코스모스》, 《이기적 유전자》와 같은 책을 골랐어. 마치 자신이 선택한 분야에 따라 정해진 도서가 있는 것처럼, 문과는 인문학적인 책, 이과는 자연과학적인 책을 읽어야 한다고 생각하는 듯했지. 하지만 이렇게 진로 도서를 선정하는 데 있어 문과와 이과, 무 자르듯 둘로 나눠야 할까?

과학책을 읽으면서 인문학 공부로 배우지 못한 지식과 정보를 얻을 수 있어. 과학의 토대 위에서 다양하게 사유할 수 있음을 보여 주는 과학과 인문학이 교차·통섭하는 책도 있지. 《문과 남자의 과학 공부》에서 저자 유시민은 이런 말을 해. "인문학은 과학으로 정확해지고, 과학은 인문학으로 깊어진다." 나는 항상 학생들에게 강조하거든. 미래에는 이과의 냉철한 이성에 문과의 부드러운 공감과 감성이 더해진 사람이 빛날 거라고.

그런 부분을 간과할 수 없었는지 대입 제도도 변화하고 있어. 2022년 수능부터 국어는 독서, 문학이 공통이고 화법과 작문, 언어와 매체 중 한 과목을 선택해 시험을 봐. 수학은 수학Ⅰ, 수학Ⅱ가 공통이고 확률과 통계, 미적분, 기하 가운데 한 과목을 선택하게 하지. 탐구영역은 문과, 이과 구분 없이 두 과목을 선택하면 돼. 문과 이과에 따라 사회탐구, 과학탐구의 영역을 구분하는 게 폐지되었지. 통합적 사고를 중시하는 현재의 트렌드를 반영한 셈이야. 앞으로는 '통섭(統攝)'이 진로의 키워드가 될 테니까.

작가에겐 수학, 엔지니어에겐 인문학

통섭은 통[큰 줄기 통, 統]과 섭[잡다 섭, 攝], 즉 '서로 다른 것을 한데 묶어 새로운 것을 잡는다'라는 의미야. 인문·사회과학과 자연과학을 통합해 새로운 것을 만들어 낸다는 뜻으로 쓸 수 있지. 이미 우리나라에서도 다양한 분야에서 '통섭'의 관점으로 통합된 지식 시대를 열어 가기 위해 노력하고 있어.

'에이닷 통역콜'에 대해 들어 본 적 있니? AI 기술을 기반으로 통화 중에 실시간으로 한·중·일·영어 4개 국어를 실시간으로 통역해 주는 서비스를 말해. 기존에는 별도의 번역 앱(App)을 이용해야 가능했는데 전화상에서 실시간 통역이 되는 거야. 무척 놀랄 만한 기술이지. 이런 핸드폰을 만들기 위해서는 어떤 기술이 필요할까? IT 기술뿐 아니라 언어학·심리학·인지과학 등 인문학의 도움이 꼭 필요할 거야. IT 개발자가 인문학에 대한 이해가 없다면 기술이 뛰어날지라도 사람들의 흥미나 관심을 끌지 못할 테니까. 같은 맥락으로 기계공학자는 미래에 어떤 공학이 사람들에게 도움이 될지 생각하기 위해 해당 분야의 역사(산업혁명, 도구를 이용하는 인간)에 대해 알아봐야겠지. 작가라고 해서 다를까? 수학이나 과학에 대한 기본적인 이해가 없다면 자신의 스토리를 확장하는 데 한계가 있을 거야. 그러니 엔지니어가 꿈이라고 해서 공대 관련 책만 읽고 탐구하거나, 경영학도라고 해서 AI의 개념도 모르고 지나친다면 시대의 추세에 안 맞는 거지.

실제로 포스코케미칼은 인문·사회 전공자를 엔지니어로 선발하는 '글로벌 통섭 인재 채용' 전형을 진행하기도 했어. 통섭형 인재는 인문·사회·자연과학·공학적 지식을 융합해 새

통섭을 위한 크로스 독서 목록

계열	책 제목	관련 주제	난이도
인문사회 계열	비커 군과 실험실 친구들	실험 기구를 통해 배우는 과학	★
	이상한 수학책	그림으로 이해하는 일상 속 수학 이야기	★★
	야밤의 공대생 만화	재미있게 배우는 과학사의 기본	★
	미술관에 간 수학자	캔버스에 숨겨진 수학의 묘수	★★
	새빨간 거짓말, 통계	통계치의 홍수 속에서 주관을 지키는 법	★★
	이기적 유전자	유전적 관점에서 본 인간(동물) 행동의 진화	★★★
	총 균 쇠	인류 문명의 생성과 번영에 대한 예리한 통찰	★★★
	페스트	비극적 현실 속에서 의연히 운명과 대결하는 인간의 모습	★★
	팩트풀니스	명확한 데이터와 통계로 증명하는 세상의 진보	★★★
이과공학 계열	침묵의 봄	환경 문제의 심각성과 중요성	★★★
	책은 도끼다	자신만의 독법으로 읽어 낸 시대의 고전	★★
	만약 고교야구 여자 매니저가 피터 드러커를 읽는다면	인생을 바꿀 만한 피터 드러커의 리더십과 매니지먼트 이론	★★

이과공학 계열	작별인사	자기가 인간이라고 생각하는 기계, 휴머노이드의 이야기. 기계와 인간의 공존	★★★
	선량한 차별주의자	우리가 놓치고 있던 차별과 혐오의 순간에 대한 시선	★★
	공간의 미래	세상의 변화를 예측하고 미래를 준비하는 관계와 공간의 이야기	★★
	역사의 쓸모	역사에서 찾은 22가지 통찰	★★
	우리가 인생이라 부르는 것들	우리의 고단함을 보듬는 14가지 인생 강의	★★
	삼미 슈퍼스타즈의 마지막 팬클럽	기발하고 유쾌한 상상력, 현실을 바라보는 따뜻한 시선과 결코 가볍지 않은 주제 의식	★★
	최재천의 공부	지금 이 시대에 꼭 필요한 공부에 대한 생각	★★
	밤이 선생이다	황현산 평론가의 산문을 모아 놓은 산문집	★★★

로운 가치를 창출할 수 있는 인재를 뜻한대. 배터리 소재 분야 해외 사업을 적극 확대하면서 진출 국가의 문화와 지정학적 이해가 필요하다고 판단한 거지. AI와 컴퓨터가 많은 일을 해결하는 시대가 왔지만, 인간만이 할 수 있는 생각의 확장은 아직 AI가 따라가지 못하기 때문에 급변하는 사회 속에서 통합

적인 사고로 개성과 창의성을 보여 주는 것이 미래 시대에 가장 큰 경쟁력이 될 거야. 그러니 하나의 영역에 자신의 진로를 끼워 맞추지 말고 그 진로와의 연결 고리를 찾아내며 통섭을 경험할 수 있는 크로스 독서가 필요하다는 것 잊지 마.

학생부종합전형이 좋아하는 나만의 '세특' 채우기

대학이 학생부종합전형, 즉 '학종'으로 학생을 선발하기 시작한 지 20년이 되었어. 필연적으로 선발 방식과 생기부에도 많은 변화가 일어나고 있지. 예전에는 봉사나 수상이 생기부에서 중요한 역할을 차지했다면 최근 입시에서 가장 주목받는 생기부 영역은 바로 과목별 세부 능력 및 특기 사항(줄여서 '세특' 혹은 '과세특')이야. 공정성이 대두되면서 생기부의 각 영역에서 적을 수 있는 글자 수가 줄어들고 있지만, '세특'은 유일하게 교과목별로 각 과목 선생님이 500자 분량으로 내용을 작성할 수 있지. 3년 동안의 기록이 모이면 어마어마한 양과 영향력을 갖추게 되는 거야. 절대 소홀히 할 수 없는 부분이지.

'세특'은 담당 선생님의 재량으로 기록할 수 있어. 수업 활동, 수행평가와 연계되는 좋은 '세특'은 어떤 내용일까? 교과 수업 중 배운 내용을 심화하고, 확장하려 애쓰는 학생의 모습이 녹아 있어야 해. 여러 방법이 있을 테지만 그중에서 가장 쉽고 효과적이고 매력적으로 학생의 역량과 노력을 드러내는 방법은 바로 '독서를 통한 확장'일 거야.

'세특'을 위한 수행평가를 위해 어떤 탐구 주제를 뽑을지 고민하느라《교과세특 탐구주제 바이블》이라는 책을 본 적이 있어. 각 교과 영역과 주제에 따라 탐구주제를 분석해 두어 학생과 교사 모두가 학생부 교과세특 탐구 주제를 활용하게 한 책이지. 살펴보니 배운 내용에 대해 확장하고 심화하는 탐구 주제 중에 책과 연결된 부분이 많았어(178쪽).

또한 대학에서는 과목별 세부 능력 및 특기 사항을 통해 지적 호기심, 문제 해결력, 자기 주도성, 전공 적합성을 판단해. 지식에 대해 얼마나 호기심이 있는지, 어떤 문제의식으로 폭넓게 탐구하는지, 학습에 주도적으로 참여하는지, 학습 내용을 진로에 적용하는지 등을 보는 거야. 그런데 이 네 가지를 한꺼번에 만족시킬 수 있는 게 있어. 뭘까? 바로 '연계 독서'야. 관심 있는 분야의 책을 골라 읽는다는 것 자체가 지적 호기심과 자기 주도성을 드러내지. 책에서 새롭게 알게 된 내용이나 의견이 자기 생각과 달라 문제 제기하는 모습을 통해 문제 해결력을 발휘할 수 있으며, 그 책을 통해 진로의 어떤 부분에 도움을 받았는지 연결해 생각한다면 전공 적합성까지

과목	영역	탐구 주제
과학과	7. **생명과학 I** 유전	《생명 설계도, 게놈》에서 저자 매트 리들리는 게놈은 "인류가 겪어 온 중요한 사건을 기록한 자서전"과 같다고 표현한다. 게놈에 대한 전체적인 이해도를 높일 수 있도록 23개의 염색체마다 하나의 특징적 유전자를 선택해 과학자들 간의 경쟁을 통해 어떻게 이 유전자가 발견되었으며, 인간에게는 어떤 영향을 미치는지 전해 준다. **책을 통해 질병과 지능에 유전자가 어떤 식으로 관여하는지 인간에게 어떤 영향을 미치는지 분석하여 발표해 보자.**
도덕과	3. **고전과 윤리** 타인과의 관계	급변하는 이 시대는 그 흐름보다 느리게 적응하는 사람들에게 '뒤처졌다'라고 말하며, 사람들은 뒤처지지 않기 위해 모두가 앞만 바라보고, 주변과 자기 자신을 돌아보지 않은 채 혹시 나도 적응하지 못하고 밀려나는 것은 아닐지 초조해하며 달려가고 있다. 이런 점에서 《중용(中庸)》이라는 고전은 우리에게 많은 교훈을 준다. **《중용》을 읽고 우리의 삶에 어떻게 적용할 수 있는지 생각해 보고, "어떤 순간에도 기울지도 치우치지도 않는, 내 인생의 무게중심을 잡는 법"이라는 주제로 수필을 써보자.**
사회과 (한국사)	1. **한국사** 전근대 한국사의 이해	조선 후기, 상품 화폐 경제의 발달 과정에서 나타나는 도고 상업의 등장이 민생 불안으로 이어졌을 수 있다. **《허생전》에 나타난 도고의 사례를 들어 양반 중심 신분 질서의 동요를 상품 화폐 경제의 발달과 연관하여 생각해 보고,** 조선 후기 양반 중심의 신분제 해체설에 대한 자신의 의견을 발표해 보자.

만족시킬 수 있는 거야. 독서 활동 하나로 대학에서 원하는 인재상에 맞는 많은 역량을 보여 줄 수 있는 거지.

180쪽에는 독서 시간의 '한 학기 한 권 읽기' 수업이 끝나고 내가 학생에게 실제로 써준 '세특'이 실려 있어. 정치외교학과를 지원하는 학생이었는데, 그 학과에만 매몰된 독서에서 벗어나 자신의 진로와 연결해서 좋은 영향을 줄 수 있는 독서로 가지를 뻗어 나갔어. 이 학생은《세계미래보고서 2022》를 통해 정치계의 엔터테인먼트를 살펴보며 '문화외교'의 방향에 대해 고민했지.《불평등의 대가》를 읽은 뒤, 불평등이 미국의 정치 체계와 경제 체계에 미치는 영향을 분석하고 정치·경제·사회의 각 영역에서 어떻게 작용하는지를 확인하며 그 대안에 대해 고민하기도 했어.

글자 수가 넘쳐서 나중에 삭제하긴 했지만, 이 학생은 다른 책들도 읽었어. 그중에《종이 동물원》(켄 리우)은 많은 편의를 스마트폰에 의존하고 있는 현실을 꼬집는 책이야. 우리는 자기도 모르게 사생활을 통제당하고 있지. 이 학생은 삶의 주체가 되는 데에 걸림돌이 되는 상황을 경계해야 한다며 이 책의 주제를 자기 계발적 측면에서 접근했어.《언어의 온도》(이기주)를 읽고는 다음 쪽에 실린 문장을 필사하며 누구에게나 스스로 되돌아보는 반성의 과정이 필요하며, 이를 민간외교에 적용하여 장기적으로 외교적 역량을 키우기 위한 발판으로 삼겠다는 발표를 하기도 했지.

정치외교학과 지원 학생 세특 사례

입력 가능 글자 (Byte)	세부 능력 및 특기 사항
1,450/1,500	정치외교, 철학 등 자신이 흥미 있는 분야의 책들을 독서리스트로 작성하여 탐색하는 모습을 보여줌. 《MT정치외교학》(최진우)에서 '세계화의 과제' 내용을 바탕으로 올바른 국가전략에 대해 분석함. 민간외교나 공공외교를 적극 활용하여 국가적 정체성을 가시화하여 브랜드로 만들어 이를 기반으로 통일성 있는 소프트 파워를 구축해 가는 외교정책을 수립해야 한다고 주장하는 등 책의 내용을 기반으로 스스로 문제를 제기하고 그것에 대한 해결방안을 자신의 진로와 연계하여 고민하는 역량이 뛰어남. 또한 《세계미래보고서 2022》(제롬 글렌)를 읽고 '메타버스' 마케팅에 주목하였고 밀레니엄 프로젝트의 설립과 변천, 정치계의 엔터테인먼트에 대해 발표함. 포트나이트에서 메타버스 콘서트를 개최한 BTS와 가상세계를 세계관으로 하는 에스파 ae의 예를 들며 '문화외교'의 방향에 있어서 미래 예측의 선견지명을 가지고 변화에 즉각적으로 발맞출 수 있는 유연과 대처 능력을 보유해야 한다는 의견을 제시하여 친구들에게 큰 호응을 얻음. 후속 독서로 《불평등의 대가》(조지프 스티글리츠)를 선정하여 읽으며 메모 독서법에 따라 꼼꼼하게 기록하며 독서의 내용을 진로의 방향과 접목하여 사고함.

'나를 아는 건' 가치 있는 일이다. 나를 제대로 알아야 세상을 균형 잡힌 눈으로 볼 수 있고 내 상처를 알아야 남의 상처도 보듬을 수 있으니 말이다.

-이기주, 《언어의 온도》 중에서

이 학생의 전체 생기부를 보니 국어(독서) 과목뿐 아니라 여러 과목 수업에서 수업 내용을 심화하기 위해 다양한 책들을 읽으며 진로와 관련된 역량을 키운 흔적이 보이더라. 결국 이 학생은 자신이 목표하던 대학에 합격하는 기쁨을 얻었지.

남의 글을 읽었는데 왜 내 개성이 보이지?

책을 읽는다고 시간을 보내면서도 이게 의미가 있는 것인지 끊임없이 질문할 때가 있어. 결국 의미 없다고 생각하면 독서에 대한 동기부여가 없으니 흥미 자체가 사라져. 그렇기 때문에 유의미하게 독서하는 방법이 필요해.

첫째, 독서 시간을 매일 30분 이상 갖기. 규칙적인 루틴이 무척 중요해. 꼭 많은 시간을 투자하지 않아도 되고, 꾸준히 할 수 있는 자신만의 시간을 정하는 게 좋아. 왜냐하면 한 시간으로 목표를 잡아서 매번 목표를 달성하지 못하면 목표를 삭제하고 싶은 마음이 들거든. 그런데 30분씩 정해놓고 매일 목표를 달성하면 성공 경험이 많아져. 무척 작은 일임에도 불구하고 내가 뭔가 할 수 있는 사람이라는 생각이 들면서 자존감이 올라가지. 이것이 습관이 되면 더 큰 목표를 향해 도전할 힘이 생기는 거야.

둘째, 선택적 필사 습관으로 정독 경험하기. 필사는 책이나 글을 손으로 베껴 쓰는 것을 말해. 예전에는 책 한 권 만들려면 손으로 하나하나 베껴 썼지. 하지만 지금은 그 일을 기계가 대신해. 사람이 직접 쓰는 일은 없지. 학생들에게 필사를 권하면 공부할 시간도 없는데, 그런 시간 낭비를 왜 하냐고 볼멘소리가 나와. 하지만 필사하면 좋은 점이 참 많아. 우선 글을 베껴 쓰려면 최소 세 번 이상 읽어야 해. 베껴 쓰기 전에 한 번 읽고, 베껴 쓰면서 힐끗 또 한 번, 그리고 직접 쓴 글을 한 번 입으로 읊조리지. 그 문장에 대해 나도 모르게 곱씹게 되는 거야. 그 과정에서 "문장이 멋진데?", "주인공은 왜 이렇게 말했지?", "작가가 말하려는 게 뭐지?" 하며 글의 표면적 의미뿐 아니라 함축된 의미에 대해 살펴보게 돼. 바로 정독의 과정을 경험하는 거야.

또한 필사하면 내 문장이 변하는 걸 경험할 수 있어. 나도 모르게 남의 문장을 익히고 있는 거지. 내가 늘 사용하던 진부한 표현에서 벗어나게 되는 거야. 물론 너희들에게 시간이 없다는 것을 잘 알기 때문에 책 한 권이 아니라 '선택적 필사'를 추천할게. 책을 읽다가 마음에 드는 문장을 만나면 인덱스 탭으로 표시하고, 나중에 그 문장을 그대로 베껴 쓰는 거야. 필사한 문장 밑에 그 문장에 대한 내 생각을 덧붙이면서. 이 과정이 필요한 이유는 아무 생각 없이 글만 베끼고 내 생각을 담지 않으면, 마음과 생각이 글을 만날 수 없고, 책의 내용이 내 안에 완전히 스며들 수 없기 때문이야.

셋째, 적자생존 기억하기. '적는 자만이 살아남는다'라는 이야기야. 책을 읽은 후에 그 내용에 대한 자기 생각을 기록하라는 말이지. 앞에서 글쓰기 이야기를 하며 설명한 내용인데 독서를 유의미하게 하는 데에 그 무엇보다 도움이 되는 방법이라서 다시 한번 강조하는 거야. 생각을 기록할 때는 카피라이터처럼 멋진 문장으로 표현해도 좋고, 간단히 줄거리와 느낌을 써 봐도 좋아. 책을 읽으며 즐겁게 시간을 보내는 것도 유익하지만, 어떤 식으로든 글로 정리해 두어야 최종적으로 내 것이 되는 거야. 예전에 읽은 책인데도 내용이 기억나지 않은 적 많지? 아무리 많은 책을 읽어도 기록하지 않으면 읽은 내용이 휘발될 때가 많거든. 친구에게 수학 문제를 가르쳐 주다가 내가 더 완벽히 알게 되는 경험을 해본 적 있지? 독서도 마찬가지야. 다른 사람에게 읽은 책과 관련한 자기 생각을 글로 표현하여 전해 주면 더 완벽히 책에 빠져들 수 있어.

학생들에게 독서를 강조하는 잔소리를 하면 가끔 이런 말을 하는 친구들이 있어. "선생님, 저는 유튜버 될 건데요?" "저는 게이머 될 거라서 독서 필요 없어요." 책이 다른 매체에 비해 심리적으로 거리감이 느껴지는 매체이긴 해. 그래서인지 요즘은 책의 쓸모를 모르는 사람들이 점점 많아지는 것 같아. 하지만 독서는 다른 어떤 매체도 주지 못하는 다양한 경험을 선사해. 프로게이머이자 독서광으로 알려진 페이커는 게임을 하는 데 책이 도움이 된다고 말하기도 했지. 그가 독서를 시작한 이유도 게임을 잘하기 위해서라고. 게임은 컴퓨터 속에서 하는 것이지만 독서 과정에서 내 생각을 정리하고, 그 생각에 대한 근거까지 채워 가는 동안 게임을 대하는 태도나 삶을 바라보는 관점이 많이 바뀌었다는 거야. 그는 프로게이머라는 직업을 즐기면서 할 수 있는 것도 모두 책 덕분이라고 이야기 했지.

꿈을 이룬 사람들의 특징이 뭔지 알아? 그들은 대부분 책을 좋아하고 책의 내용을 자기 삶에 적용했다는 거야. 즉 꿈을 이루기 위해 가장 먼저 할 일은 좋아하는 일이 무엇인지 찾는 거야. 관심 분야를 잘 모르면 다양한 분야의 책을 통해 탐색할 수 있지. 역사나 사회, 수학과 음악, 미술과 철학 등 여러 분야의 책을 읽으면서 탄탄한 배경지식을 쌓을 수 있어. 그러면 자기 성향에 어울리는 직업을 선택하는 데 도움을 받을 수 있어. 구체적인 직업 수행 능력을 쌓아갈 수도 있고. 책을 읽지 않으면? 세계를 이해하는 정도와 정보력에 큰 차이가 날 수밖에 없지. "사람은 그가 읽는 대로 만들어진다." 독일의 대문호 마르틴 발저의 이 말을 통해 독서가 얼마나 중요한지 생각해 보면 좋겠어. 따분하고 지겨운 것, 시대에 맞지 않는 아날로그 매체로만 바라보기에는 독서가 너무나 큰 성장의 매개체라는 걸 잊지 마.

= 13장 =

퍼스널 브랜드, 나만의 가치 찾기

청혼을 위한 민트색 박스로 유명한 티파니앤코는 실제 물건이 가지는 가치보다 열 배 이상의 가격으로 시장에서 판매되고 있어. 우리가 흔히 살 수 있는 4만 원짜리 은반지도 티파니앤코에서 판매하면 40만 원이 되는 거야. 도대체 왜? 무슨 이유로 그토록 많은 돈을 지불하고도 티파니앤코 반지를 사는 걸까? 바로 티파니앤코의 반지는 그냥 은반지가 아니라 세상에서 가장 아름다운 사랑이라는 가치를 담고 있기 때문이야.

브랜드가 된다는 것은 바로 이런 의미지. 그것만의 가치를 가지는 것, 소비자가 호감을 느끼게 하는 것 말이야. 그런데 여기서 한 걸음 나아가 '브랜딩'의 의미도 생각할 필요가 있어. 브랜딩은 그 브랜드를 어떤 가치나 이미지로 즉각적으로 연결해 주는 것을 의미하는데, 편의점에서 콜라를 고를 때 흔히 코카콜라를 고르는 것, 세련된 디자인의 핸드폰이라 하면 아이폰을 먼저 떠올리는 것, 운동화가 필요하면 나이키 매장으로 가는 것 등이 바로 브랜딩의 예라고 볼 수 있지.

단점도 장점으로, 장점은 더 강하게

왜 브랜딩 이야기를 하냐고? 나는 우리가 살아가면서 가장 중요한 것이 바로 나만의 가치를 가지는 것, 나의 가치를 브랜딩하는 것이라고 생각하거든. 유명인이 되라거나 스펙을 쌓으라거나 부와 명예를 얻으라는 게 아니야. 가장 나다운 모습을 발견해서 그 장점을 잘 살리고 내가 가진 가치를 주위 사람들에게 전하며 끊임없이 노력해서 가장 나답게 살라는 말이야. 나를 브랜딩하기 위해서는 무엇보다 먼저 나를 잘 알아야겠지? 가장 나다운 모습을 발견해서 그 가치를 주위 사람들에게 알리는 것이기 때문에 '나'를 정확히 모른다면 브랜딩은 불가능한 영역일 수밖에 없어. 그렇기에 스스로 나에 대해 질문하는 게 중요해.

내가 추구하는 목표는?

나는 어떤 매력이 있나?

내가 진짜 하고 싶은 것은?

나는 왜 학교에 와서 수업을 듣고 있는 것일까?

내가 잘하는 건?

나의 장점은?

다른 사람들이 나에게 '이거 하나는 정말 최고다'라고 말하는 게 있다면?

최근 나의 관심사는?

간혹 이런 질문을 학생들에게 던지잖아? 그러면 울먹이며 말하는 친구들이 많아. "선생님, 제가 뭘 잘하는지, 뭘 좋아하는지 잘 모르겠어요." 걱정할 필요 없어. 태어날 때부터 이런 걸 완벽하게 아는 사람은 없거든. 중학생이 되었다고 해서 저절로 아는 것도 아니고, 대학생이 되어 곧 사회생활을 한다고 해서 알 수 있는 것도 아니니까 의기소침해질 필요는 없어. 차근차근 알아나가면 되지. 자, 그러면 나에 대해 어떻게 알아갈까? 주위를 둘러봐. 지금까지 너를 지켜본 주변 사람들이 있지? 지인이나 친구 찬스를 쓰는 거야.

학교의 교지를 편집할 때였어. 교지는 사실 너무 지루하고 재미없어서 완성해 배부하는 날이면 학생들이 교지를 보지도 않은 채 재활용 쓰레기로 버리는 모습을 봐야 했지. 그게 안타까웠던 나는 편집부 학생들과 재미있는 내용을 기획하기로 했어. 그중 하나로 선택된 것이 바로 '선생님의 뇌 구조' 그리기였어. 자신이 배우는 과목의 담당 선생님 뇌 속을 들여다보자는 취지였지. 그런데 나중에 학생들이 그린 나의 뇌 구조 그림을 보고는 깜짝 놀랐어. 나는 꽤 신비주의를 고수했다고 생각했는데, 학생들이 나만큼이나 나를 더 잘 알고 있더라고. 나의 뇌 구조에는 '카리스마', '독서 모임'. '자빽', '잔소리' 등 진짜 내 모습이 그대로 드러나 있었어. 물론 여과 없이 적혀 있는 단점에 당황하기도 했지만, 나를 표현하는 데 좋은 말만 있을 수는 없잖아? 단점 없는 완벽한 사람은 없으니까. 그럴 때는 이 단점들을 잘 살펴보고 장점으로 살릴 방법을 생각해 봐.

차분하지 않은 사람들을 잘 살펴보면 호기심이 왕성한 경우가 많아. 그런 사람은 다양한 것에 흥미를 느끼는 장점이 있는 거지. 고집 센 사람들은 자기 의견을 잘 굽히지 않지만, 좋은 말로 하면 주관도 뚜렷하고 끈기가 있어. 이 점을 장점으로 부

나를 브랜딩하는 3단계

1단계 '나의 뇌 구조' 그려 보기! (직접 그리거나 친구에게 부탁하기)	2단계 나다움을 드러내는 키워드 추출하기	3단계 단점은 장점으로, 관점 바꿔 바라보기
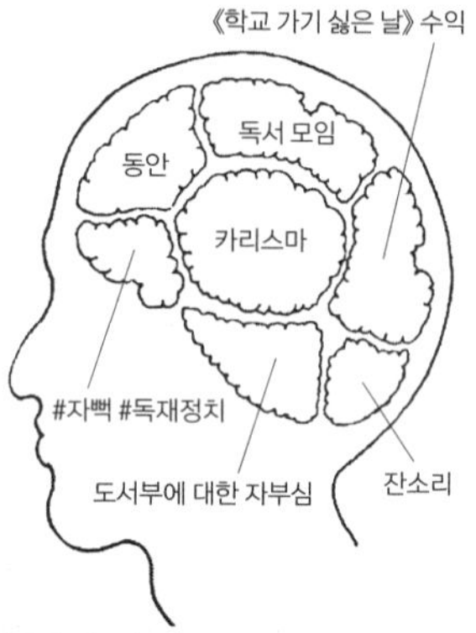	자뻑	자기 PR에 강하다 (자기애가 있다)
	잔소리	다른 사람에게 관심을 많이 갖는다
	독서 모임	꾸준히 책을 읽는다
	《학교 가기 싫은 날》 수익	인세를 꾸준히 받는 작가로 성장하기 위해 노력한다
	카리스마	리더십이 있다

각할 수 있겠지? 귀가 얇은 사람들은 다른 사람들의 말을 잘 들어주는 경향이 있어. 누군가 의견을 내면 거기에 협조적인 사람인 거지. 이렇게 관점을 바꿔 바라볼 수 있어.

저는 우유부단하다는 단점을 가지고 있지만, 그렇기에 평소 다른 사람의 의견을 적극적으로 수용하여 좋은 교우 관계를 맺었습니다. 이는 사회생활을 잘할 수 있는 장점이라고 생각합니다. 또한 그런 성격적인 부분을 평소에 인지하고 있었기에 큰 결정을 할 때는 부모님의 조언을 잔소리라 생각 하지 않고 잘 받아들였고, 덕분에 큰 시행착오 없이 성장할 수 있었습니다.

사회생활에 첫걸음을 내딛는 자기소개서에 실제로 내가 썼던 내용이야. 장단점은 동전의 양면과 같은 거니까 그것들을 조금만 관점을 달리해서 살펴본다면 그 안에서 새로운 나를 다시금 발견하여 뛰어난 나만의 개성으로 브랜딩할 수 있어.

나답게, 멋지게, 무엇보다 가볍게

어렸을 때부터 멋진 커리어 우먼을 꿈꾸던 내가 꼭 갖고 싶었던 아이템이 두 가지 있어. 하나는 목에 걸고 다니는 사원증, 다른 하나는 새로운 사람을 만날 때면 슬쩍 건네며 '나 이런 사람이야!' 하는 느낌을 주는 명함이지. 하지만 선생님이 되자 이 두 가지는 필요가 없었어. 학교라는 좁은 공간에서는 서로를 너무 잘 알고 있기에 굳이 사원증을 소지할 필요가 없지. 교사인 내가 업무상 만나는 사람이라곤 학생들과 동료 교사들뿐이라서 굳이 명함을 만들 필요도 없었고 말이야. 그렇게 어영부영 시간이 흘러갔어.

어느 날, '티처빌'이라는 교사 대상 원격 교육 연수원에서 연락이 왔어. 스승의 날을 맞이해 강사들을 위해 명함을 만들어 주는 이벤트를 한다며 명함에 실을 정보를 보내 달라는 연락이었지. 그 당시 나는 《B끕 언어》를 출간한 뒤, 티처빌에서 학교폭력 예방과 관련된 연수 프로그램으로 '까칠한 권샘의 비속어 수업 이야기'라는 동영상 강의를 진행하고 있었거든. 그곳에서 명함에 담기 위해 요청한 항목은 이름, 학교명, 연락처, 출간 도서 등 보통 명함에 들어가는 객관적 정보가 대부분이었어. 하지만 그중 신선하게 다가온 한 가지가 있었는데, 바로 자신의 좌우명을 보내 달라는 것이었지. 좌우명(座右銘)은 개인이나 단체에서 목표 또는 의의를 나타내거나, 특별한 동기를 부여하기 위해 만드는 표어의 일종이야. 명함에 좌우명을?

다른 사람에게 보여 주는 명함이라 그런지 좌우명으로 넣을 문장을 정하기까지 꽤 오랜 시간이 걸렸어. 남들에겐 그저 짧은 글귀일지 몰라도 나에게는 결코 간단하게 느껴지지 않더라고. 나를 다시 돌아보고, 또 상세히 들여다보고, 또 현재와 미래에 내가 추구하는 가치가 포함되어야 한다고 생각했으니까. 그저 가벼운 종이 한 장에 글자를 넣어 인쇄하는 단순한 과정이 아니었지. 명함을 만든다는 건 자기 가치관을 확인하고 담는 과정이었던 거야. 오랜 고민 끝에 나는 내가 가장 소중하게 여기는 가치를 두 줄에 가득 담았어. 평소 좋아하던 글귀를 떠올렸지.

내가 좋아하는 일을 함으로써 자유를 얻고,
내가 하는 일을 좋아함으로써 행복해진다.

좋아하는 일을 하면서 평생 그것을 통해 자유를 얻고 행복해지고 싶다는 내 인생의 모토를 그대로 담은 글귀였어. "내 지위가 이 정도야!", "나는 이런 사람이야!"라고 외치듯 화려한 단어들로 나를 치장하는 것이 아니라, "나는 앞으로 이렇게 살고 싶다"라는 수줍은 고백이랄까. 사람은 자신이 정한 가치대로 행동하게 돼. 그렇게 믿기에 내 가치관을 담은 단어들을 정렬해 명함 한쪽을 장식하는 건 꽤 의미가 있었어. 나를 되돌아봤고, 내가 원하는 의미를 부여했지. 가벼운 종이 한 장에 담는 몇 글자일 따름이지만 무엇보다 나를 스스로 정의하고 표현하는 꽤 의미 있는 시간, 그것이 바로 명함을 만드는 시간이었던 거야.

물론 그렇게 명함을 만든 후에도 실제로 그 명함을 누군가에게 건넬 일이 많지 않았어. 사용한다고 해봤자 음식점 이벤트에 응모권으로 넣는 게 전부였지. 하지만 명함을 만들면서 나의 마음가짐은 많이 달라졌어. 몇 날 며칠 일상을 곱씹어 보았고, 내가 지금 얼마만큼 하고 있나, 잘하고 있는 걸까 돌아보았지. 또 내가 어떤 가치관을 가지고 사는지, 어떤 사람으로 살아가야 할지에 대해 깊이 있게 접근할 수 있었어. 행복한 삶을 지향한다는 글귀를 넣으면 실제로 행복해지기 위해 노력해야겠다는 다짐이 서. 그뿐만 아니라 다양한 커리어를 활자로 하나씩 증명하기 위해 일상을 의미 있게 보내야겠다는 결심도 하지.

자신이 어떤 가치와 목표를 가지고 사는 사람인지 궁금하다면 자신을 잘 표현할 수 있는 명함을 스스로 만들어 보면 좋겠어. 삶의 가치와 미래의 목표가 명함에 담긴다면 그것이 분명 지금보다 발전할 원동력이 될 테니까. 이처럼 삶의 가치를 찾고, 목표를 확인하는 것부터가 자기 인생에 대한 책임감 있는 행동이자 전문성을 계발해 퍼스널브랜드로 만들기 위한 첫 단계야. 내가 했던 것처럼 명함에 적어 남에게 보여 주고 싶은 글귀를 연습장에 끼적이면서 '나'를 정의해 보면 어떨까? 삶의 가치가 무엇인지, 어떤 삶을 살고 있는지, 지향하는 삶을 어떤 키워드로 표현할 수 있는지 말이야. 그렇게 곱씹다 보면 불투명하게만 느껴지던 미래의 나를 구체적으로 그려 볼 수 있을 거야.

확실히 나를 알리는 SNS 만들기

자기를 낮추는 겸손을 미덕처럼 여기던 시절이 있었어. 하지만 세상이 변하면서 겸손이나 행복과 같은 가치에 대한 기준이 변했지. 요즘 사람들은 자신을 적극적으로 알리는 사람을 더 신뢰해. 자기 능력을 어필하는 사람이 유능한 사람이라고 생각하지. 다른 사람의 칭찬에 "아니에요!"라고 수줍게 부정하는 건 더 이상 미덕이 아냐. "그건 제가 좀 잘해요!"라고 말해야 스스로 가치를 인정하는 자신감 넘치는 사람이라고들 하지. 이 말은 곧 겸손의 시대가 이제 지나갔고, 순간순간 깨알같이 자기를 자랑해야 하는 시대가 왔다는 의미야. 물론 없는 능력을 있다고 거짓으로 알리라는 이야기는 아니고, 자신 있는 부분을 적극적으로 어필하라는 말이야.

《회복탄력성》의 저자인 김주환 교수는 미국과 한국 대학생을 대상으로 흥미로운 실험을 진행했어. 자기소개 및 강의 소개를 하는 강의 첫 시간에 자기소개를 겸손하게 할 때와 적극적으로 자신을 알리며 말할 때의 차이를 조사하는 실험이었지. 결과는 예상보다도 더 놀라웠어. 과하다 싶을 정도로 자신을 알리며 능력을 어필한 교수가 학생들에게 훨씬 유능하다고 평가받았고, 더 큰 신뢰감을 얻었지. 반대로 겸손하게 자신을 낮춘 교수는 실력이 있음에도 불구하고 실력 없는 교수로 평가받았어.

실제로 학교에서도 '저자와의 대화' 프로그램을 진행할 때 보면 차이가 나. 자기 PR(Public Relation)을 잘하는 유명 작가가 강사로 올 때면 학생들은 두 시간 넘는 강의를 무척 열심히, 집중해서, 고개까지 끄덕이며 들어. 그런데 자기 PR을 잘하지 않아서 유명하지 않거나, 학생들이 잘 모르는 작가가 와서 강의하면 학생들이 졸거나 딴짓하거나 심지어 강의 중간에 나와 집에 가야 한다고 말하는 경우가 많았어. 결국 자기 PR을 잘하는 사람이 다른 사람에게 인정받으며 영향력을 발휘할 수 있다는 걸 보여 주는 거지.

그런데 자기 PR의 장점은 그저 다른 사람에게 인정받는 것, 신뢰감을 얻는 것뿐일까? 자기 PR을 자기과시의 관점에서 보면 남에게 잘 보이려는 잘난 척이라고 깎아내릴 수도 있어. 하지만 '자기애'가 넘치는 사람이라는 관점에서 보면 스스로 만족하고, 자신을 가치 있고 소중한 사람으로 인식한다고 볼 수 있는 거야. 있는 그대로의 나를 존중하고 사랑하는 태도, 자존감을 높이는 행동인 셈이지. 자존감이 높은 사람들은 항상 자신감이 있고 긍정적인 사고를 해. 매 순간을 쓸데없는 시간이라 생각하지 않고 소중하게 생각하기 때문에 최선을 다하지.

매사에 열정이 있고 그것이 추진력이 되어 많은 것을 성취하려는 마음으로 이어져. 그러니 학업이나 진로에도 당연히 좋은 영향을 끼칠 수밖에. 겸손해야 한다며 조용히 있을 게 아니라 자신을 보여 주기 위해 노력해야 하는 거야.

자기를 드러낼 때는 '자기과시'가 아니라 '자기애'로 접근해야 한다고 앞에서 말했지? 자기 PR은 어떻게 하면 좋을까? 첫 번째는 내가 뭘 좋아하는지, 나는 어떤 사람인지, 나는 무엇을 잘할 수 있고, 타인에게 어떤 도움을 줄 수 있는지 등 나에 대해 정확히 알아야 해. 진로뿐 아니라 브랜딩에서도 이게 꼭 필요한 전제조건이야. 그래서 이 책을 다 읽은 뒤에는 연습장을 펴놓고 좋아하는 것에 대해 신나게 끄적거리는 시간을 꼭 가졌으면 좋겠어. 두 번째는 좋아하는 것을 이용해 내 정체성을 보여 줄 방법에 대해 생각하는 거야. 나는 블로그나 소셜미디어 같은 SNS 계정을 활용하는 방법을 추천하고 싶어. 요리에 관심이 있다면 다양한 요리 레시피를 직접 올리며 나만의 개성을 드러낼 수 있겠지. 영화 보기를 좋아하면 영화를 보고 느낀 점을 올려서 영화를 좋아하는 다른 사람들과 결말이나 영화에 대한 개인의 생각을 나눌 수도 있을 거야.

실제로 주변에서 꾸준히 유튜브에 영상을 올리는 걸 본 적이 있어. 열차에 관심이 많은 민준이라는 중학생 친구지. 어느 날은 광주도시철도공사 로고송을 올리고, 다른 날엔 7호선 청담대교를 횡단하는 열차들을 찍어 올렸어. 나는 그 유튜브를 열심히 보다가 지하철이 부르는 노래라 불리는 구동음이 무려 수십 가지이며, 호선별로 다르고 열차의 종류마다 다르다는 것을 처음으로 알게 되었지. 각각 다른 구동음을 들으면서 참 소리가 예쁘고 재미있다는 생각이 들었어. 지하철은 구동음을 잘 울리지 않아서 민준이가 직접 기관사분께 부탁해 구동음이 울릴 때 촬영한 영상도 있었어. "왜 이렇게 매번 영상을 올려?"라고 민준이에게 물었더니 이렇게 말하더라. 철도 관련해서는 모든 것이 재미있고 지하철 경적은 특유의 소리가 매력적이라고. 구동음 또한 기종마다 다르고 지하철의 '얼굴'과 생김새도 모두 다른 것이 관찰하기에 재미있다고. 달릴 때 덜컹거리는 소리도 좋고 지하철이 한강대교를 지나갈 때면 배경이 너무 예뻐서 좋다고. 그렇게 그냥 좋아서 올렸는데 사람들이 관심을 주고 구독자가 늘어난 거야. 이제는 철도를 좋아하는 사람들과 함께 이것들을 즐기고 이야기를 나누는 것이 즐겁대. 나는 민준이의 유튜브를 보면서 마음속으로 생각했어. 재미있고 좋고 즐기는 이런 마음이 모이면 진로에 대한 길이 보일 테고, 그런 기록이 모여 흐릿했던 길이 뚜렷해지면 진짜 나만의 길을 찾게 될 것이라고. 그 기록에는 내가 지향하는 삶과 누구도 범접할 수 없는 나만의 가치가 녹아 있잖아. 그러면 시간이 흘러 굳이 "내가 이런 사람이야!"라고 말하지 않아도, 자기과시 같은 걸 하지 않아도 자연스럽게 나를 보여 줄 수 있게 되는 거야. 이게 진짜 PR이라고.

한 권 한 권 쌓일수록 반짝거리는 미래

MBC에서 방영된 〈공부가 머니〉라는 프로그램에 교육 전문가 패널로 출연한 적이 있어. 녹화 전 미팅에서 작가는 내게 오늘의 고민 주제인 '이성 교제', '공부 동기부여'와 관련해 선생님으로서 학생들에게 필요한 교육적인 조언을 해달라고 부탁했어. 당시 나와 함께 출연한 사람들은 심리전문가, 사교육 전문가, 입학사정관 전문가로 유명한 분들이었지. 당시 교사 생활 12년 차였던 내가 그들 앞에서 교육과 관련한 어떤 조언을 한다면, 그게 과연 사람들에게 신뢰감을 줄 수 있을지 고민이 일더라. 그때 나 자신에게 물었어. '나는 가장 자신 있는 게 뭐지?' '나는 어떤 부분에서 조언을 가장 잘할 수 있지?' 그렇게 '나'를 떠올리며 생각하자 답이 바로 나오더라고. '독서! 나는 책을 많이 읽잖아!'

작가에게 말했어. "두 자매의 고민에 답하고 부모님에게 조언할 때, 저는 교육적인 관점이 아니라 책을 통해 의견을 전해 주고 싶어요." 그 프로그램에서 책으로 조언한다는 건 "2학년 때는 이 문제집을 풀고, 선행할 때는 그 문제집을 풀어라"라고 소개하는 것뿐이었거든? 그래서 조금은 신선한 제안이었는데, 작가는 "그것도 좋겠다"라며 내 제안을 흔쾌히 받아들였어. 나는 독서 노트에 그동안 읽은 책에 대해 기록을 꼼꼼하게 해두는 편이라서 그 상황에 맞는 책을 잘 선정해 처방전으로 제시해 줄 자신이 있었던 거야.

이성 교제에 관심이 많은 자매에게는《키싱 마이 라이프》와《쥐를 잡자》를 소개해 줬어. 이성 교제는 호기심만으로 시작할 게 아니라 반드시 책임도 생각해야 한다고 조언해 줬지. 공부하기 싫어하는 둘째에게는《꼴찌들이 떴다!》를 추천했고, 네 남매를 키우느라 자기 시간을 갖지 못하는 엄마에게는 엄마가 아닌 나를 찾기 위한 책으로《엄마의 20년》을 권해 줬지.

방송이 끝난 후, 공식 홈페이지의 톡에는 내가 소개한 책 제목을 다시 묻는 내용이 많이 올라왔어. 문제집만 추천받다가 읽을 책을 추천받으니 좋다는 평이 많았지. 평소 책을 읽지 않거나 기록하지 않았으면 당연히 작가에게 이런 제안은 할 수 없었을 거야. 영상을 미리 보면서 내가 그들에게 어떤 조언을 할 수 있을까 분석하다가 독서 기록을 뒤져 보았고, 그들의 고민에 대한 처방전이 될 만한 책을 발견했거든. 내 정체성을 그대로 드러내면서, 사서 교사로서 내가 해줄 수 있는 가장 멋진 조언이었다고 생각해.

그때뿐만이 아니야. 월간지 《중학 독서평설》에서 〈고민책방〉이라는 주제로 글을 연재할 때도 그동안의 독서 기록 덕분에 학생들 고민에 맞는 좋은 책을 쉽게 골라 추천할 수 있었어. '활기찬 일상을 위한 처방전'이라는 주제로 글을 써 달라는 대기업 사보의 원고 청탁에는 《모모》의 이야기를 넣어 일상을 즐겁게 살아가는 방법에 대한 메시지를 전달하기도 했지. 다른 글쓰기보다도 독서에 대한 기록은 실제로 활용할 데가 많아. 글의 첫머리에 책에서 읽은 문장을 인용하며 시작할 수도 있고, 친구들 앞에서 읽은 책을 이야기하거나 학교 백일장, 혹은 수행평가에도 연계 독서 부분을 부각해 활용할 수 있지.

우리 학교는 야구부 학생들이 꽤 많은 편이야. "수업 시간에 자는 것보다 책 읽는 게 백번 낫단다. 나중에 유명한 선수가 되어서 사인해 주고, 인터뷰도 하고, 자서전도 쓰고 하려면 책을 읽고 좋은 글귀도 적어 놓고 해야 하지 않겠니?" 이렇게 독서 기록은 야구로 성공하고 나서도 꼭 필요하다고 애들에게 주입식 교육을 했더니 명언 책을 읽으면서 필사하더라. 어떤 책을 읽든지 상관없이 어디에나 매력 있게 써먹을 수 있는 독서 기록. 그런 기록들이 모이면 어느 순간 자연스럽게 나의 내면을 빛나게 드러내고 나를 가치 있게 만들 거야. 일상에서 그만큼 나의 가치를 차곡차곡 쌓아 주는 일은 없으니까.

오타니 쇼헤이를 최고의 선수로 만든 비결

만다라트는 '만다라(mandala)'와 '아트(art)'의 합성어로 목표를 달성하기 위한 전방위적인 계획표를 말해. 10년 연봉 7억 달러(한국 돈으로 약 9200억)로 세계 스포츠 사상 최대 규모의 계약을 체결한 미 프로야구 선수 오타니 쇼헤이는 고교 시절에 만다라트를 작성했어. 제구, 스피드뿐 아니라 '운'이나 '인간성', '멘탈' 같은 부분도 통제할 수 있는 영역이라 생각해 세부 목표로 설정하고 실천했대. 오타니가 쓰레기 줍는 장면이 경기 중계 중에 종종 잡혔는데, 이 습관이 바로 만다라트 계획표에도 적혀 있었던 거야. 쓰레기를 주울 때마다 남들이 버린 행운을 자신이 줍는다는 의미를 부여했다고! 오타니는 최고의 선수가 되기 위해 만다라트를 작성할 때부터 사소하고 조그마한 운도 자기 것으로 만들고 성취하려는 자세를 지녔던 거야.

만다라트 계획표는 최종 목표 한 개, 소목표 여덟 개, 구체적

오타니 쇼헤이의 '만다라트'

몸 관리	영양제 먹기	FSQ 90kg	인스텝 개선	몸통 강화	축 흔들지 않기	각도를 만든다	위에서부터 공을 던진다	손목 강화
유연성	몸 만들기	RSQ 130kg	릴리즈 포인트 안정	제구	불안정 없애기	힘 모으기	구위	하반신 주도
스태미너	가동력	식사 저녁 7숟갈 아침 3숟갈	하체 강화	몸을 열지 않기	멘탈을 컨트롤	볼을 앞에서 릴리즈	회전수 증가	가동력
뚜렷한 목표·목적	일희일비 하지 않기	머리는 차갑게 심장은 뜨겁게	몸 만들기	제구	구위	축을 돌리기	하체 강화	체중 증가
핀치에 강하게	멘탈	분위기에 휩쓸리지 않기	멘탈	8구단 드래프트 1순위	스피드 160km/h	몸통 강화	스피드 160km/h	어깨 주변 강화
마음의 파도를 안 만들기	승리에 대한 집념	동료를 배려하는 마음	인간성	운	변화구	가동력	라이너 캐치볼	피칭 늘리기
감성	사랑받는 사람	계획성	인사하기	쓰레기 줍기	부실 청소	카운트볼 늘리기	포크볼 완성	슬라이더 구위
배려	인간성	감사	물건을 소중히 쓰자	운	심판을 대하는 태도	늦게 낙차가 있는 커브	변화구	좌타자 결정구
예의	신뢰받는 사람	지속력	긍정적 사고	응원받는 사람	책 읽기	직구와 같은 폼으로 던지기	스트라이크 볼을 던질 때 제구	거리를 상상하기

실행 계획 64개로 구성되어 있어. 오타니의 만다라트 계획표처럼 가장 가운데에 최종적으로 이루고 싶은 목표(8구단 드래프트 1순위)를 적어. 그것을 이루기 위한 여덟 가지 소목표, 또 그것을 해내기 위한 실행 계획 역시 각각 여덟 개씩 도식화하면 돼. 이렇게 하면 목표를 한눈에 보기 쉽고 가장 중요한 한 가지 목표에 온전히 집중할 수 있는 실천 방법을 생각하게 되

는 장점이 있지. 나를 촘촘하게 브랜딩하기 위한 과제를 설계하고 실천하는 데 도움을 받을 수 있을 거야.

나의 최종 목표를 정해 만다라트 계획표 짜기.

활동 2: 나의 뇌 구조를 구조 그리기.

나다움을 드러내는 키워드를 추출하여 관점을 바꿔 바라보는 브랜딩 3단계를 실행해 보자. 단점을 장점으로 바라보는 과정에서 또 다른 나를 발견할 수 있다.

나를 브랜딩하는 3단계

1단계
'나의 뇌 구조' 그려 보기! (직접 그리거나 친구에게 부탁하기)

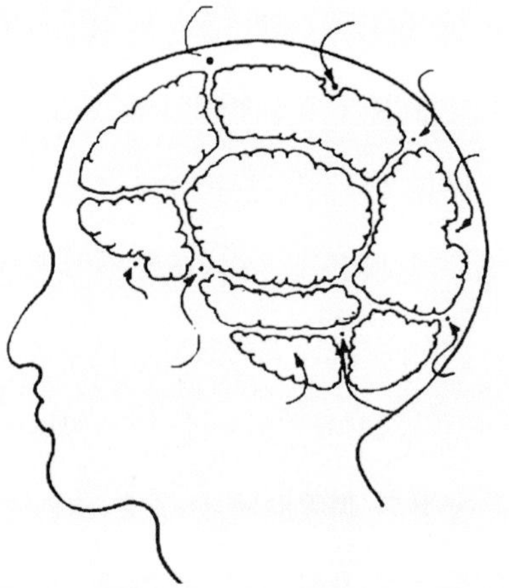

2단계
나다움을 드러내는 키워드 추출하기

3단계
단점은 장점으로, 관점 바꿔 바라보기

= 14장 =

고교학점제, 제대로 즐기는 법

혹시 이런 생각을 해본 적 있어? 우리가 100년을 산다고 가정하고 그것을 하루로 환산했을 때 지금 내 나이는 몇 시 몇 분을 살아가고 있을까? 계산이 어렵지는 않아. 50세의 인생 시간은 딱 낮 열두 시야. 낮에 보통 사람들은 뭘 하고 있을까? 아마 오전 업무나 학습을 마치고 점심 먹은 뒤 산책하는 시간이겠지? 그럼, 남은 시간은 얼마나 될까? 오후 업무를 한참 더 할 것이고, 퇴근 뒤에는 가족과 함께 저녁을 먹고, TV도 보고,

쉬면서 하루를 마무리할 거야. 그러면 우리의 나이를 16세라고 가정하고 인생 시계를 돌려 볼까? 지금 우리 인생은 새벽 네 시야. 이 시간에 우리는 무엇을 하면 좋을까?

우리가 지나고 있는 새벽 4시는 말이야, 뭔가를 완성하기 위해 활기차게 힘쓰지 않아도 되는 시간이야. 앞일을 계획하고 좋아하는 것을 맘껏 해보며 행복을 느끼는 시간이지. 그러니 '아직 내 진로가 불투명해서 너무 늦은 거 아닐까?'라는 고민은 할 필요가 없어. 앞으로 뭔가 새로운 일에 도전하더라도 그것을 해낼 시간은 충분히 남아 있거든. 그러니까 이 시간에는 나중에 뭘 하면 좋을지 계획을 세우고, 지금 무엇을 하면 의미가 있을지를 고민하는 게 좋아. 좌절보다는 그게 훨씬 더 우선순위야.

뭘 할지 모르겠다면 시간 관리부터

한 가지 문제를 내볼게. 다음이 말하고 있는 것은 무엇일까?

세상에서
가장 길면서도 가장 짧은 것,
가장 빠르면서도 가장 느린 것,

가장 작게 나눌 수 있으면서도 가장 길게 늘일 수 있는 것,
가장 하찮은 것 같으면서도 가장 회한을 많이 남기는 것,
그것이 없으면 아무것도 할 수 없고,
사소한 것은 모두 집어삼키고,
위대한 것에는 생명과 영혼을 불어넣는 그것,
그것은 무엇일까요?

정답은? 바로 '시간'이야.《시간을 파는 상점》의 주인공 온조는 시간의 주인이 되느냐 마느냐에 따라 시간이 짧을 수도 있고, 길 수도 있다고 말해. 시간을 어떻게 활용하느냐에 따라 작게 나뉘는 동시에 길게 늘일 수도 있다고 하지. 시간은 두 가지 측면으로 볼 수 있거든. 헬라어로 시간은 크로노스와 카이로스로 구분돼. 크로노스(Chronos)는 일반적으로 알고 있는 객관적으로 수치화되는 시간을 의미해. 시계와 연관이 있지. 자연적으로 해가 뜨고 지는 시간, 태어나서 늙고 병들어 죽는 생로병사처럼 일상생활에서 필수적인 시간의 흐름을 나타내지. 우리에게 주어지는 24시간은 바로 크로노스라고 볼 수 있어. 카이로스(Kairos)는 자신의 목적이 개입된 주관적인 시간이야. 특별하고 의미 있는 순간을 강조해서 삶에 의미를 부여하는 시간이지. 적절한 때, 결정적 순간, 기회라는 뜻이기도 해.

물리적 측면에서 볼 때 시간은 무척 공평해. 부자라고 하루에 26시간이 주어지지는 않고, 가난하다고 해서 하루가 20시간은 아니니까. 하지만 똑같은 24시간을 살더라도 그 삶에서 느끼는 시간의 속도는 완전히 다를 거야. 게임을 하는 한 시간과 엄마의 잔소리를 듣는 한 시간은 절대 같지 않잖아. 똑같은 시간이 주어졌어도 시간의 상대성 때문인지 원하지 않는 일을 억지로 할 때와 자기가 원하는 일을 할 때는 시간을 대하는 태도에 극명한 차이가 생겨. 내 목적이 개입된 특별한 카이로스의 시간, 다시 말해 시간의 밀도에 중점을 두고 몰두하면 삶이 달라져.

특히나 고교학점제가 시행되는 고등학교는 예전처럼 정해진 시간표대로 생활하는 게 아니라서 적절한 때에 특별한 기회를 찾아 주어진 시간을 어떻게 더 효율적으로 쓸지 고민해야 해. 시간을 함부로 대하고 낭비하며 계획대로 실행하지 못한다면 어떤 일도 잘 해내기 힘들어.

졸업한 제자와 이야기하다가, "학교 재밌니?"라고 물었어. 제자는 이렇게 답했지. "재밌죠. 그런데 선생님, 대학교에 가니까 시간이 너무 많은데, 도대체 뭘 해야 할지 모르겠어요." 아마 너희들이 고등학교에 입학했을 때도 똑같은 막막함이 다가올 거야. 도대체 뭘 해야 할지 모르는 거지. 그렇다면 무엇부터 해야 할까? 맞아, 무엇을 할지 시간에 따른 계획을 세워야 해. 그것을 도와주는 게 바로 시간 관리 매트릭스야.

1, 2, 3, 4로 일상을 관리하자

시간은 누구에게나 똑같이 주어지는 자원이야. 주어진 24시간을 얼마나 잘 활용하는지에 따라 우리는 삶을 성공으로 이끌기도 하고 후회로 가득하게 만들기도 해. 예전에는 고등학교에 학년에 따라, 반에 따라 정해진 시간표가 있었어. 그 시간표대로 생활하면 됐지. 지금은 좀 달라졌어. 고교학점제가 시행되었거든.

고교학점제는 학생이 진로와 적성에 따라 과목을 선택해. 필요한 과목만 수강하고, 이수 기준에 도달한 과목은 학점을 취득하지. 총 192학점에 도달하면 졸업을 인정받을 수 있어. 대학과 똑같은 형태의 졸업 제도인 셈이지. 물론 필수과목은 학급 친구들과 같이 들어. 하지만 선택과목 수가 많아서 같은 반이라도 시간표가 다르거나 과목별로 다른 교실에서 수업할 때가 있어. 학생은 스스로 고른 과목에 대해 책임감을 갖고, 수업 시간표를 어떻게 관리할지 결정해야 해. 시간 관리가 무척 중요해졌지. 누구나 같은 시간을 쓰지만 소중한 것과 사소한 것을 구별해서 시간을 활용할 방법을 고민해야 답이 나오는 거야. 일상에서도 모든 일에 우선순위를 정하고 그 순서에 따라 일을 처리하면 시간을 무척 효율적으로 쓸 수 있어. 긴급성과 중요도의 요소를 고려해서 네 영역으로 우선순위를 정하는 기법이 바로 아이젠하워의 '시간 관리 매트릭스'야.

시간 관리 매트릭스

	급한 일	급하지 않은 일
중요한 일	1영역 **현재 나에게 긴급하고 중요한 일, 시간이 임박한 일** - 곧 제출할 수행평가 과제 - 영어 쪽지 시험	2영역 **미래의 나를 위해 중요하지만 당장 급하지는 않은 일** - 1~2주 후의 수행평가 과제 - 기간이 조금 남은 시험 계획 - 운동, 독서
중요하지 않은 일	3영역 **긴급하지만 중요하지 않은 일** - 카톡(이메일) 확인 - 별로 중요하지 않은 전화 통화, 수다 - 동아리 활동 - 스포츠 대회 참가(풋살 대회 등)	4영역 **긴급하지 않고 중요하지 않은 일 (낭비 상황)** - 유튜브·TV 시청 - 게임 - (목적이 없는) 인터넷 서핑 - SNS

학생 입장에서 시간 관리 매트릭스를 한 번 채워 보았어. 1영역은 바로 내일 치를 시험공부, 내일까지 제출해야 하는 수행평가 같은 것을 의미해. 2영역은 중요하지만 급하지 않은 것, 운동이나 기간이 많이 남은 시험 준비와 같은 일이 해당하지.

3영역은 당장 처리해야 하지만 크게 중요하지는 않은 일이야. 예를 들면, 카톡을 확인하거나 전화 통화를 하는 것, 친구들과 스포츠 대회에 나가는 것 등이지. 마지막으로 4영역은 시간이 낭비되는 상황으로 유튜브를 보거나 게임을 하거나 목적 없이 SNS에 매달리는 일이 해당돼. 자, 여기 네 개의 영역에 우선 순위를 매긴다면 어떤 걸 가장 먼저 선택할 것 같아? 아마 1영역이 가장 우선이고 4영역이 가장 마지막에 해야 할 일이라는 의견에 모두 동의할 거야. 그러니 우리의 시간 관리 포인트는 2영역과 3영역 중 어떤 것에 중점을 두느냐에 달려 있다고 해도 과언이 아니야.

성적이 우수한 학생들은 2영역에 더 우선순위를 두고 많은 시간을 투자해. 1주일 뒤의 수행평가 과제나 운동, 독서는 당장 급하지 않기에 흔히 소홀하기 쉬워. 게다가 성과도 바로 나오지 않기 때문에 많은 학생이 크게 염두에 두지 않지. 하지만 이 영역에 있는 일은 지속해서 오랜 시간 투자해야 성과가 나는 것이고, 우리가 궁극적으로 원하는 목표, 삶과 연결돼 있어. 그렇기 때문에 1영역에서 긴급하게 해야 할 일들을 줄여가면 2영역에 더 많은 시간을 할애할 수 있고, 미래의 목표를 위한 큰 그림을 그리는 데 도움을 받을 수 있어.

3영역과 4영역은 자제력이 필요한 영역이야. 자제가 필요할 정도로 잘 휩쓸리는, '굳이 중요하지 않은 일'이라는 의미이기도 하지. 특히 3영역은 즐거움과 관계가 있어. 친구와 수다 떨면 스트레스가 풀리고, 스포츠 대회 참가는 기다리던 일일 테니까. 이처럼 스트레스를 풀기 위해서 중요하거나 긴급하지 않더라도 해야 하는 일이 있어. 종종 이런 시간이 필요하지. 하지만 그것 때문에 다른 영역의 일이 방해받으면 네가 지금 시간을 잘못 활용하고 있다는 뜻이야. 그렇게 하면 또 다른 스트레스를 불러오거든.

아예 하지 말라는 이야기가 아니라 이 영역이 차지하는 시간의 비중을 조절하라는 말이야. 하루 종일 시도 때도 없이 핸드폰을 보며 친구랑 의미 없는 대화에 시간을 할애한다면 핸드폰 보는 시간을 규칙적으로 방과 후 30분, 자기 전 30분으로 정해서 시간을 제한하는 거야. 동아리 활동이 중요한 일에 방해가 된다면 일주일에 한 번씩 갖던 모임을 2주에 한 번으로 바꿔 볼 수 있지. 학업과 개인 생활의 즐거움 사이에서 균형을 유지하면서 자신만의 시간 관리 방법을 찾아가는 게 바로 시간 관리 매트릭스의 핵심이니까. 특히 4영역에 속하는 활동은 시간을 소비하는 경향이 있어. 그런 활동들이 대부분이기 때문에 이 영역은 최소화하며 시간을 더 중요하고 의미 있는 활동에 집중하도록 노력하는 것이 중요해.

나는 4영역에서 가장 문제가 되는 게 인터넷 쇼핑이었어. 그래서 4영역의 '인터넷 쇼핑'에 쓰는 시간을 조절하려고 쇼핑 앱을 대부분 지웠지. 그랬더니 정말 놀라운 일이 벌어지더라. 매일 뭐라도 사던 습관이 있었는데, 달라지더라고. 우선 핸드폰을 켜도 쇼핑 앱이 보이지 않으니 굳이 둘러보지 않게 되었어. 그러다 보니 필요 없는 물건을 즉흥적으로 사는 일이 훨씬 줄어들었지. 대신 나는 책을 읽었어. 지금도 일주일에 두 권 이상 책을 읽고 책과 관련된 글을 써. 낭비한다고 생각했던 4영역의 활동을 줄여 미래의 나에게 투자하는 시간 관리 매트릭스를 실천한 덕분에 해낸 일이지. 시간 관리 매트릭스를 활용하면 나에게 어떤 시간이 필요한지, 지금 낭비되는 시간이 무엇인지 한눈에 들어와. 시간을 관리하고 우선순위를 정하는 데 도움을 받아 시간을 효율적으로 쓰면 미래의 나를 위한 활동에 더 많은 시간을 할당할 수 있어.

우리가 투자해야 하는 것은 시간

고교학점제를 실시하면서 선택과목이 많아지는 2학년부터는 개인별 시간표에 따라 해당 수업이 있는 교실로 이동해서 수업받아. '공강 시간(강의와 강의 사이의 빈 시간)'이 생기지. 고등학교 시간표에 '공강'이라니 꽤 생소하겠지만, 꽉 차 있던 시간표에 빈 시간이 생겼다고 생각하면 이해하기 쉬울 거야. 2023년 기준, 우리 학교 1학년 학생들은 두 시간의 공강 시간이 있어. 학교에서는 이 공강을 휴식이나 자율학습을 위한 시간으로 생각해서 학생들이 도서관이나 '꿈담카페'처럼 자율학습이 가능한 공간에서 시간을 보내도록 프로그램을 짰지. 그렇지만 학생들은 공강 자체가 낯설고 처음 주어지는 시간이다 보니 다들 우왕좌왕하는 모습을 보였어. 마치, 얼마 전 나를 찾아온 대학생 제자 같았지. 1학년 학생들도 그 시간에 뭘 할지 몰랐던 거야. 몇몇은 개별 숙제를 하거나 문제집을 풀기도 해. 하지만 대부분은 엎드려 자거나 친구들과 수다를 떨며 시간을 보내고 있지.

적절한 휴식과 친구들과 나누는 수다는 꼭 필요해. 그런데 이런 규칙적인 시간을 매번 어영부영 보내면 그 시간에 대한 활용도가 떨어지지. 그저 흘려보낼 게 아니라 계획적으로 쓰도록 노력해야 해. 어떻게 하면 되냐고? 중요하고 급한 일, 우선순위가 높은 1영역의 일을 하는 거야. 오늘 오후에 가는 학원의 숙제나 어제 못한 수행평가, 또는 내일 볼 시험을 대비하는 공부를 하는 거지. "공강 시간까지 공부하라고요? 저는 언제 쉬나요?" 물론 이렇게 따지고 싶겠지. 사실 일반적인 학생들의 상황을 생각해서 우선순위가 높은 1영역의 예를 든 거야. 그러다 보니 공부 이야기가 나온 것일 뿐, 1영역의 내용은 개인마다 다를 수 있지. 할 일은 스스로 설정할 수 있으니 안심해도 돼. 자기만의 1영역에서 꼭 해야 할 일 하나를 정해서 공강 시간에 계획적으로 하면 뭐가 좋은지 알아? 더 많은 자유시간을 얻을 수 있어. 무슨 말이냐고? 당장은 자유를 빼앗기는 것 같겠지만, 1영역의 일은 어차피 해야 하는 일이잖아. 먼저 해놓으면 그걸 하려고 했던 시간에는 다른 것을 할 여지가 생기는 거야. 한 마디로 급한 일을 계획적으로 마무리하면 1영역이 줄어들고, 2영역에 투자할 시간이 많아진다는 의미지. 미래의 나를 위한 투자 시간이 많아지는 거야. 독서나 운동, 한참 남은 수행평가 등을 준비하면서 시간의 배분에서 2영역을 높이면 결국 나는 하루하루 급한 일에 얽매이지 않는 자유로운 일상을 보낼 수 있게 돼.

To-do list로 자존감 올리기

그럼, 계획을 세울 때 어떤 아이템을 활용하면 좋을까? 공강 시간을 포함해 시간을 계획적으로 활용하는 팁으로 'To do list'를 추천할게. 과제 해결이나 개인의 발전, 일상생활 개선

등 다양한 카테고리를 하나의 표에 모아 두어 당일에 해야 할 우선순위들(1영역의 활동)을 부각한 표라고 보면 돼. 우리가 머릿속에 '이거 꼭 해야지!'라고 생각하고 잊어버릴 때가 많잖아. 이렇게 매일 목록을 작성하면 할 일을 기억하고, 체계적으로 일정을 관리할 수 있어. 아침마다 학교에 도착한 뒤에 바로 오늘 하루를 계획하면서 써 보면 좋아.

To-do list 템플릿은 인터넷에 무료로 많이 공개돼 있어. 수첩 형태로도 판매하니까 쉽게 구할 수 있지. 이런 방법을 가르쳐주면 "아니, 요즘 누가 귀찮게 직접 종이에 쓰나요?"라고 물을 수도 있어. 맞아, 누군가는 직접 쓰는 걸 좋아하지만, 그걸 시간 낭비, 종이 낭비라고 생각하는 사람도 있지. 사람마다 좋아하는 방식은 다르니까.

요즘은 플라스틱과 자석으로 된 체크리스트 보드도 책상에 붙여놓고 많이 사용하더라. 그런데 그건 고정으로 할 일을 적어두고 잘 해냈는지 확인하는 거라서 1영역이 매일 바뀌는 우리에게는 적합하지 않다고 볼 수 있어. 수첩에 손글씨로 직접 쓰는 게 귀찮거나 성가시면 접근성 좋고 간편한 핸드폰 앱을 추천할게. 무료 앱이 많으니까 원하는 형태의 앱을 깔아서 사용하면 돼. 매일 활용하기 좋고, 위젯으로 핸드폰 바탕화면에 깔아 두면 확인할 때마다 따로 뭔가 프로그램을 실행해야 하는 번거로움을 줄일 수 있거든.

하지만 핸드폰 앱으로 할 일을 체크한다면 다른 유혹에 빠지지 않을 자신이 있는지 먼저 이렇게 물어봐야 해. 할 일을 보려고 핸드폰을 열었다가 카톡도 읽고 기사도 보고 유튜브 알고리즘까지 따라갈 수도 있으니까. 스스로 그 부분을 잘 통제할 수 있다면 핸드폰 앱만큼 편한 게 없지. 그럼 어떻게 작성하면 되는지 예시를 통해 한번 살펴볼까?

예시처럼 매일 고정으로 해야 하는 일은 맨 위에 똑같이 적어 두면 좋아. 색깔을 다르게 하면 눈에 확 들어오겠지? 그리고 그날 꼭 해야 할 일을 쭉 적어 보는 거야. 이렇게 하면 어떤 일을 먼저 해야 할지 명확하게 파악할 수 있어. 그러고 나서는 오늘의 계획을 머릿속으로 떠올려 보는 거지. '공강 시간이 오늘은 두 시간 있으니까 그 시간에 수학 모의고사를 1/2회 풀고 오답 풀이도 해야겠다', '점심시간에 릴레이 독서 도장 찍으러 도서관에 갔을 때 영어 수행평가 책도 대출해 와야지', '오늘 자기 전에 교지에 제출할 수학여행 후기 다시 한번 읽어 보고 고쳐서 선생님께 이메일로 보내야지' 이런 식으로 말이야. 그렇게 하면 하루를 어떻게 보내야 할지 어느 정도 그림이 그려져서 중요한 것을 잘 기억하게 돼. 해야 되는 항목을 적어 놓고 하나씩 실행하면 할 일을 완료한 뒤 줄을 그을 때마다 큰

매일 할 일

11/28(월)	11/29(화)
수학 모의고사 1/2회 풀기 및 오답 풀이	수학 모의고사 1/2회 풀기 및 오답 풀이
영어 5지문 문제 풀기 및 해석, 단어 암기	영어 5지문 문제 풀기 및 해석, 단어 암기
국어 2지문 문제 풀기 및 오답 풀이	국어 2지문 문제 풀기 및 오답 풀이
수학학원 숙제(월, 수, 금)	영어학원 숙제(화, 목)
산책(30분)	산책(30분)
도서관 릴레이 독서(15분) 행사 참여	도서관 릴레이 독서(15분) 행사 참여
영어 수행평가 책 대출	영어 수행평가 책 독서(30분)
일반사회 수행평가 자료 조사 및 프린트	기말고사 시험 대비 공부 계획표 작성
도서부 동아리 축제 준비(20분)	도서부 동아리 놀이마당 준비(30분)
교지에 제출할 글(수학여행 후기) 퇴고(1차)	성미랑 빼빼로 만들기 체험
미혜랑 저녁에 '민지네 떡볶이'	내 방 정리
내 방 정리	

성취감과 자기 만족감도 얻게 되더라. 바로 그게 내가 너희에게 이 일을 추천하는 이유야. 큰 노력을 하지 않아도 얻을 수 있는 작은 성취지만, 이렇게 작은 성공 경험이 모이면 큰 성취를 이룰 수 있는 자신감이 생겨. 그러면 매일 충전된 느낌을 받을 수 있거든. 그것이 일상을 즐겁고 행복하게 살아가는 데에도 큰 도움이 돼.

시간 관리를 잘하는 게 중요하다고 강조하고 또 강조하지만, 이것은 계획표를 빡빡하게 짜서 1분 1초도 허투루 쓰지 말고 공부하거나 무언가를 하라는 의미는 아니야. 이런 방법은 존재하지도 않고, 지속하기도 힘들지. 시간 관리는 시간을 무조건 아껴 쓰려 하기보다는 시간을 어떻게 쓰느냐의 관점에서 접근해야 하거든. 우리의 삶 속에서 중요한 일의 목록을 적고 우선순위가 높은 순서대로 시간을 배분하는 것. 'To-do list'를 날마다 작성하고 자신의 목표를 시각화하여 주도적인 삶을 계획하는 것이 내가 꿈꾸는 미래의 방향으로 나의 삶을 인도해 줄 것이라고 믿어.

"가장 중요한 것들이 가장 사소한 것들에 의해 좌우되어서는 안 된다"라는 괴테의 말을 기억하면 좋겠어. 이 말은 시간 관리의 핵심이자 인생을 살아가는 데 두루 교훈을 주는 말이기도 하니까.

활동 1 : '나만의 시간 관리 매트릭스'를 적어 보자.

시간 관리 매트릭스

	급한 일	급하지 않은 일
중요한 일	1영역 현재 나에게 긴급하고 중요한 일, 시간이 임박한 일	2영역 미래의 나를 위해 중요하지만 당장 급하지 않은 일
중요하지 않은 일	3영역 긴급하지만 중요하지 않은 일	4영역 긴급하지 않고 중요하지 않은 일 (낭비 상황)

= 15장 =

막막할 때 길을 밝히는 멘토와 롤 모델

'내가 잘 하고 있는 걸까?' '어떤 진로로 나아가야 하는 걸까?' '어떻게 살아야 할까?' 살아가다 보면 이처럼 거창하지만 즉각적으로 답을 구할 수 없는 고민이 시도 때도 없이 밀려들곤 해. 정답이 없다는 걸 어느 정도는 알고 있지만, 당장 눈에 보이는 답을 찾지 못하거나, 공감이나 위로의 말을 듣지 못하면 마음이 초조하고 불안해지기도 하지. 그런데 이런 불안을 조금은 줄일 방법이 있어.

곁눈질은 그만, 성장의 목표는 내가 정하는 거야

첫 번째는 앞에서 계속 강조했듯이 '나'에 대해 정확하게 아는 거야. 좋아하는 것이 무엇인지, 내 성향과 가치관을 객관적으로 이해하는 것이 중요해. 그래야 그것을 바탕으로 어떤 데 몰입해야 할지 확인하고 '몰입 스위치'를 켜서 성장의 디딤돌을 만들 수 있거든.

두 번째는 목표가 무엇인지 고민해야 해. 내가 이 진로를 선택해서 얻으려는 게 무엇인지, 어떤 방향으로 나아가면 그 목표를 달성할 수 있을지 생각하는 거지. 끊임없이 고민하면 현재 일상에 큰 동기부여가 되어 꾸준히 성장할 수 있어.

마지막으로 세 번째는 성장의 여정을 미리 살펴보는 거야. 현재와 미래의 목표를 잇는 과정에서 지금 어디쯤 위치했는지, 이 단계에서는 무엇이 필요한지 점검하는 거지. 그렇게 나의 성장 목표점을 향해 작은 것부터 실천하며 차근차근 구체화하고, 앞으로 나아가다 보면 어느 순간 원하는 목표에 다다를 수 있을 거야.

그런데 말이 쉽지, 사실 이런 과정이 쉽지는 않아. 그 이유는 내가 스스로 헤쳐 나가야 하기 때문이고. 나를 아는 것도, 내 목표가 무엇인지 고민하는 것도 다른 누군가가 대신 해줄 수 없거든. 그런데 마지막 하나 '성장의 여정'을 살펴보는 것은 내가 아닌 다른 사람의 도움을 받을 수 있어. 나의 목표를 이루는 과정에서 일어나는 문제들을 함께 의논하고 앞길을 조언해 줄 수 있는 사람. 미숙해서 실수하고, 실패하며 계속 시행착오를 겪는 나에게 스스로 깨닫고 극복할 기회를 주거나, 좋은 대안을 찾게 도와주는 사람. 그 사람이 누구냐고? 바로 '멘토'와 '롤 모델'이야.

열정에 불을 지펴 주는 멘토

'멘토'라는 단어는 〈오디세이(Odyssey)〉에 나오는 오디세우스의 충실한 조언자 이름에서 유래했어. 오디세우스는 트로이 전쟁에 출정하면서 집안일과 아들 텔레마코스의 교육을 그의 친구인 멘토에게 맡겼어. 오디세우스가 전장에서 돌아오기까지 무려 10여 년 동안 멘토는 왕자의 친구, 선생, 상담자, 때로는 아버지가 되어 그를 잘 돌보아 주었지. 이후 멘토라는 이름은 지혜와 신뢰로 한 사람의 인생을 이끌어 주는 지도자와 동의어로 사용되고 있어. 즉 경험과 지식을 공유하며 개인의 성장을 돕는 역할을 하는 사람을 말하지. 멘토는 멘티(멘토에게 지도받고, 조언을 구해서 도움받는 사람)에게 적절한 조언과 피드백을 제공하며 멘티의 열정과 추진력을 키우는 데 큰 역할을 하지. 게다가 직면한 문제와 미래의 도전에 대한 해결책을 제시하며 성공의 목표점에 가까이 갈 수 있도록 도와줘. 마치 도로의 이정표처럼 방향을 잃어버렸을 때 어디로 가야 하는지 알려 주는 그런 존재라는 말이야.

지식을 넓혀 줄 학문적인 스승은 넘치는 반면 인생의 등불이 되어 줄 진정한 멘토는 만나기가 쉽지 않아. 훌륭한 사람은 흔하지 않을뿐더러 우리 주위에 있을 확률이 거의 없고, 그런 사람이 나의 멘토가 되어 주기도 쉽지 않은 일이니까. 게다가 어른들은 자신을 믿어 주는 사람에게 고민을 털어놓으면서 다시 앞으로 나아가려고 시도하고 노력하지만, 청소년 시기에는 아무에게나 그런 고민을 털어놓지 않아. 마치 나의 결점을 드러내는 것처럼 느끼곤 쉽게 입을 떼지 못하거든. 이런 상황에서 내가 원하기만 하면 언제 어디서든 만날 수 있는 멘토가 있다면 믿을래? 그것도 아주 멀지 않은 곳에.

《역사의 쓸모》는 우리가 한국사 책에서 읽어 봤을 법한 역사 속 이야기와 그 인물들을 통해 우리가 삶을 살아가면서 마주하는 고민, 선택, 행동의 의미를 짚어 나가는 인문학책이야. 인문학책이라고 하면 딱딱하거나 어렵게 생각할 수 있는데, 거리감을 느낄 필요는 없어. 역사 속 인물 가운데 가슴 뛰는 삶을 살았던 사람을 만나 그들의 삶을 돌아보며 자신의 삶을 굳건하게 살아가는 법에 대해 자연스럽게 접근하는 내용이거든. 단순히 역사적 내용만을 전달하는 게 아니라 그들 삶의 모습에 공감하여 미래에 어떻게 살아야 할지, 방향을 고민하며 스스로 답을 찾게 도와줘. 게다가 역사 속 그들의 삶을 통해 지혜로운 선택과 삶의 태도를 배울 수 있지. 멘토의 찐 역할을 그대로 해주는 셈이야.

> 누군가와 비교하는 순간부터 인생은 불행해지기 시작합니다. 내가 가진 게 많으면 남과 비교도 안 하고 자긍심이 생길 것 같지만, 그렇지 않습니다. 아무리 많이 가져도 나보다 많이 가진 사람을 보며 부족하다고 느끼는 게 인간입니다. 그러니 마음을 굳게 먹고 중심을 잘 잡고 있어야 비교하지 않고 흔들리지 않을 수 있어요.
>
> \- 최태성, 《역사의 쓸모》 중에서

일상에서 가장 큰 적이 뭔지 알아? 바로 내 삶과 다른 사람의 삶을 비교하는 거야. 브이로그나 SNS가 삶의 한 부분이 되고, 타인의 삶을 쉽게 알 수 있게 되자 우리는 내 삶보다 타인의 삶에 더 집중하기도 해. '와 좋겠다!'라고 끝나면 참 좋을 텐

데 잘 꾸미고 포장해서 올린 사진인 줄 알면서도 부러운 마음이 생겨. 자신이 초라하게 느껴지기도 하고. 그렇게 남과 나를 끊임없이 비교하는 환경에 놓이다 보면 상대적 박탈감을 느끼고 자존감까지 떨어지면서 불행해져.

진로에 자존감이 무슨 상관이냐고? '나'를 믿고 존중해야만 내가 걸어가고 있는 오늘에 대한 신뢰와 확신이 생기는 거거든. 스스로 부끄럽게 생각하고 남과 비교하며 열등감을 느낀다? 진로뿐 아니라 우리의 삶 전체가 흔들리게 돼. 이런 우리에게 저자인 최태성 선생님은 고려시대의 사또 최석과 조선시대의 영의정 이원익이라는 인물의 삶을 비춰 줘. 자기 중심을 잡고 살기 위해 노력한 사람의 모습을 통해 쓸데없는 정보에 휘둘리지 않고, 남과 비교하지 않는 삶을 다시 한번 생각하게 하지. 각자의 삶에는 자신만의 궤적(어떠한 일을 이루어 온 과정이나 흔적)이 필요하다는 멋진 말을 남기면서 말이야.

이 책에서 저자가 우리에게 전해 주는 멘토의 목소리는 이뿐만이 아니야. '동학농민운동'을 통해 새로운 세상을 꿈꾸는 이들의 의지와 희망을 보여 주면서, 할 수 있는 게 별로 없다고 생각하고, 침묵하고, 비관하는 우리 삶의 태도에 대해 다시금 생각하게 하지.

조선시대 정조의 총애를 받은 정약용은 유배지에서도 읽고 쓰는 일을 게을리하지 않고 선비의 기상을 유지했어. 결국에는 폐족을 면했지. 유배지에서의 공부는 후세 사람들에게 큰 인정을 받았고 말이야. 여기서 지금의 고난이 인생의 끝은 아니라는 것, 한 번 쓰러졌다 하여 결코 일어나지 못하는 건 아니라는 삶의 교훈까지 던져줘. 책 한 권 읽었을 뿐인데 자아 정체성을 확립하며 살아야 하는 이유, 타인에 대한 공감이 중요한 이유 등 훌륭한 멘토가 해줄 수 있는 '종합 조언 선물 세트'를 받게 되는 셈이야.

인생에서 중요한 것은 좋은 학벌을 얻거나 돈을 많이 버는 것이 아니라 삶의 기준점을 내 안에 두는 거야. 이 말은 우리에게 특별한 조언을 해줘. 나를 존중하는 삶이 우선이 되어야 한다는 뜻이지. 무작정 열심히 달리라고 채찍질하고 등 떠미는 경주에서 유일하게 내 등을 토닥여 주는 사람 혹은 인물이 너의 멘토야. 책장을 한번 둘러봐. 네 삶에 꼭 필요한 지혜와 신뢰가 가득한 맞춤형 조언이 가득하다는 걸 깨달을 수 있을 걸? 내 삶에 밀접하게 다가와 멋진 조언을 해줄 수 있는 멘토는 멀리 있지 않아. 언제 어디서든 네가 원하면 만날 수 있어. 책을 통해서.

어두울 때 빛나는 등대 같은 롤 모델

내가 원하는 성공을 이미 경험한 사람에게서 얻는 노하우와 조언만큼 효과적인 배움은 없다.

- 보도 섀퍼, 《보도 섀퍼의 이기는 습관》 중에서

롤 모델(role model)은 자기가 해야 할 일이나 임무에서 본받을 만하거나 모범이 되는 대상을 의미하는 단어야. 쉽게 이야기하면 자신이 존경하거나 닮고 싶은 사람을 말하지. 아마 학교에서도 진로 활동 시간에 롤 모델을 조사하여 발표한다든지, 수행평가로 '롤 모델 카드'나 '롤 모델 보고서' 등을 작성해 본 친구들이 있을 거야. 진로를 향해 나아가는 과정 속에서 왜 이렇게 롤 모델 정하는 것을 중요하게 생각할까? 자신이 흥미 있는 분야나 하고 싶은 일에서 닮고 싶은 사람을 정해 두면 행동이나 생각, 가치관 또한 자연스럽게 그 사람을 따라가려고 노력하게 되거든.

김연아 선수는 스케이팅이 힘들어서 포기하고 싶을 때도 있었지만 롤 모델인 미셸 콴의 영상을 반복해서 보면서 그 위기를 극복할 수 있었대. 손흥민 선수 또한 맨체스터 유나이티드의 박지성 선수가 유럽 챔피언스리그 결승전을 누비는 모습을 보며 꿈을 키워 8년 뒤 마드리드에서 유럽 챔피언스리그 결승전을 누비는 선수가 되었지.

무엇보다 롤 모델을 정하면 그들을 통해 꿈을 꾸게 돼. 그들이 노력해서 성공한 과정을 따라서 하고, 겪은 시련을 통해 '나도 이런 상황에 처했을 때 저렇게 해봐야겠다!'라는 답을 찾게 되지. 이것을 '모방'이라고 불러. 이 단어에는 '가짜'나 '수준 미달'이라는 부정적인 느낌도 있어서 우리는 모방 자체에 거부감을 느끼기도 해. 하지만 모방 속에서 창조가 나온다는 말에서 알 수 있듯이 모방은 세상을 새롭게 만드는 주요 기술이자 철학이야. 개인이 모방하고 싶은 대상을 정하고 그를 자기 계발의 지표로 삼으면 개인의 열정과 추진력을 높일 수 있고, 삶에 동기를 부여하게 돼. 무엇보다 고수의 무기를 내 것으로 쉽고 빠르게 만들 수 있어서 진로를 정한 사람에게 모방은 목표에 다가가기 위한 최고의 방법이자 노하우가 될 수 있지.

공자는 《논어》에서 지혜를 배우는 세 가지 방법에 대해 말했어. 가장 고상한 방법은 사색이고, 가장 어려운 방법은 경험이며, 가장 쉬운 방법은 모방이라고 했지. 물론 무조건 똑같이 따라서 하는 것은 지양해야 하겠지만, 그들의 삶을 들여다보며 정체성을 형성하거나 가치관을 구축하고 우리가 나아갈 방향에 도움을 받는 것은 꼭 필요한 일이야. 그리고 사실 무조건 따라 하더라도 그 과정에서 조금이라도 나만의 창조가 생기지. 유명 작가들이 다른 작가의 작품을 필사하는 것도 같은 이유일 거야. 그러니까 우리가 진로의 바다에서 허우적거리고 있을 때, 등대의 불빛과 같은 역할을 하는 롤 모델을 찾고, 그들의 삶을 들여다보며 '모방 스위치'를 켜야 해!

모방 스위치, 어떻게 켤까

이렇게 우리의 진로에 도움이 되는 모방을 위한 스위치를 켜기 위해서는 어떻게 하면 좋을까?

첫 번째, 자신의 관심 분야에 대해 정확히 알아야 해. 세상에는 존경할 수 있는 사람이 너무 많고 성공한 사람도 너무나 많아서 관심 분야를 정확히 정하지 못하면 선택지가 지나치게 많아 롤 모델을 찾는 데 어려움을 겪을 수 있어. 물론 관심 분야가 하나가 아닐 수는 있어. 나만 해도 글쓰기, 강연, 독서 등 관심 분야가 꽤 많거든. 여기서 관심 분야를 정확히 알아야 한다고 말하는 건 하나의 분야만을 정해야 한다는 게 아니라, 정말 내가 좋아하는 것을 확실하게 알고 있어야 한다는 말이야. 또한 그것이 꼭 '직업'과 연관되지 않아도 괜찮아. 내가 살아가면서 좋아하고 잘하고 싶은 것 위주로 생각하면 좋겠어. 억지스럽게 짜내지 않아도 그것이 자연스럽게 진로와 연결되거든.

두 번째, 관심 분야를 정확히 파악했다면 구체적인 목표의 방향성에 도움받을 사람을 떠올려 봐. 여기서 가끔 오해하는데, 롤 모델은 무조건 유명한 사람이나 엄청난 성공을 거둔 사람만 말하는 게 아니야. 그러니 멀리에서 찾을 필요도 없이 주변을 둘러보면서 자신에게 긍정적인 영향을 주는 사람들을 찾아보면 좋겠어. 함께 생활하는 부모님이나 학교 선생님, 매일 등하교를 같이하는 친구도 모두 롤 모델이 될 수 있지. 유튜브에서 자주 찾아보는 일반인, 좋아하는 연예인 역시 롤 모델이 될 수 있으니까 범위를 한정하지 마. 그들의 성공 모습에서 나의 가능성을 발견하고, 그들의 삶에서 지속적인 자극을 얻을 수 있다면 롤 모델로 참 좋을 거야.

세 번째, 그 사람으로부터 배우고 싶은 부분을 생각해 봐. 이때는 나의 장점을 살릴 수 있는 부분을 생각해 봐도 좋고, 나의 단점을 커버해 줄 수 있는 롤 모델의 생활 태도나 마음가짐을 생각해 봐도 좋아. 이렇게 롤 모델에게서 모방하고 싶은 부분을 고민하다 보면 나의 장점과 단점을 정확히 파악할 수도 있지. 장점은 더 발전시키고 단점은 장점으로 바꿀 기회를 가질 수 있어.

롤 모델로부터 배우고 싶은 부분을 찾았다면 마지막 단계로는 모방을 실천하는 거야. 나는 기업인 김미경 작가의 '미라클 모닝'을 모방해 새벽 5시에 기상하는 습관을 키웠어. 이슬아 작가가 '일간 이슬아'라는 구독 서비스를 만든 걸 보고는 완성된 글이 아니더라도 하루 한 편씩 일정한 시간 동안 글을 써야겠다고 생각하며 새벽 글쓰기를 시작했지. 김겨울 작가는 엄청난 독서가인데 읽은 책들을 다양한 주제로 소개해. 예를 들면 '지금까지 읽은 철학 교양서 중에 제일 웃긴 책'이라든지, '기차에서, 집에서, 어디서든! 연휴를 위한 술술 읽히는 소설 추천'이라든지. 콘셉트에 따라 책을 쉽고 재미있게 소개하며 '독서 뽐뿌'를 일으켰지. 그걸 보고 나 또한 SNS 채널을 통해 '책소녀(책을 소개하는 여자)'로 활동하며 그림책부터 교양서, 인문학책에 이르기까지 나름 가벼운 서평을 써서 책을 소개하고 있어. 물론 나의 삶이 그들과 같아지진 않았지만, 그들을 조금씩 따라가며 나의 방향성을 잡게 되더라고. 특히나 나와 가치관이 비슷한 그들의 장점은 나의 장점과도 비슷했기 때문에 나는 훨씬 더 좋은 영향을 받을 수 있었어. 그들을 통해 나는 지금도 영감을 받으면서 성장하고 발전하고 있지.

완벽한 준비보다 서툴지만 시작하기

혹시 진로에 대해 조언을 얻을 멘토와 롤 모델을 아직 찾지 못했다면 세바시(세상을 바꾸는 시간 15분)와 TED(Technology, Entertainment, Design)강의를 추천해.

세바시는 특정 분야의 전문가나 학자, 시민이 강연자로 나와서 더 좋은 세상을 위한 아이디어가 담긴 이야기를 전해 주는 프로그램이야. 15분 동안 듣고만 있어도 그들의 지식과 경험이 내 안으로 한 번에 들어오는 느낌을 받을 거야. 세바시에서 타일러의 강의를 들은 적이 있어. '하고 싶어요'와 '되고 싶어요'의 차이를 말해 주는 강의였지. 그는 본인의 관심사나 꿈, 하고 싶은 것, 취미 등을 쓸데없는 삽질이라 생각하지 말고, 본인의 자산이라 생각해야 한다고 말했어. 꿈의 다양성을 기존의 공식과 틀에 가두는 사회에서 벗어나야 한다고 말이야. 여기서 기존의 공식이란, 예를 들어 한 가지 목표를 정해서 끝까지 악착같이 해야 한다, 모든 준비가 돼야 시작한다, 같은 거야.

나는 타일러에게 작가가 되고 싶다면 글을 쓰고, 브라질에서 사업하고 싶다면 포르투갈어를 배우기 시작하라는 조언을 얻었어. "아직 준비가 안 되었어요!" 나도 매번 내뱉던 말이야.

하지만 생각해 보면 완벽히 준비하더라도 그 완벽함을 위해 또 다른 준비가 필요해. 준비되길 기다리기만 하다가는 시간이 흐르고 기회를 놓칠 수밖에 없지. 잘하고 싶은 마음에 시도하지 못하고 주저하지만 0에는 무엇을 곱해도 0일 뿐이야. 결국 나는 타일러의 조언에 따라 그런 핑계를 뒤로하고 무언가를 시작하면서부터 준비해도 늦지 않다고 생각하게 됐어. 무언가를 시도할 때 망설이는 마음을 줄일 수 있었지.

MBC 드라마 PD인 김민식 PD의 강연을 통해 글쓰기에 대한 생각도 조금씩 바꿀 수 있었어. 좋은 피드백과 조언을 받을 때 우리는 성장하지. 그런데 타인이 주는 피드백이나 조언은 가끔 상처가 될 때도 있잖아. 그러니 상처받지 않으려면 나를 가장 사랑하는 사람이 조언해 주어야 한다는 거야. 그게 누구겠어? 맞아, 나를 가장 사랑하는 사람은 나이기 때문에 내가 나에게 피드백을 해줘야 한다는 것. 내가 쓴 글을 내가 읽어 보며 자신에게 조언을 들려주면 아주 큰 성장을 이룰 수 있다는 걸 깨닫게 됐지. 나는 나의 피드백을 받기 위해 전보다 더 열심히 글을 쓰기 시작했어.

TED는 미국표 세바시라고 생각하면 쉽게 이해가 될 거야. 아이디어는 널리 퍼져야 한다는 모토로 유명 인사부터 이름 모를 소년에 이르기까지 다양한 사람들이 나와서 약 20분 동안 청중 앞에서 강의하는 프로그램이야. 전문가들이 각종 시사 문제를 주제로 강연하다 보니 알아 두면 교양이 되는 내용일뿐더러 실제 원어민이 사용하는 표현이나 고급 영어 표현까지 공부할 수 있어. 그래서 한국에서는 영어 공부의 수단으로 쓰이기도 하지. 하지만 무엇보다 삶에 엄청난 조언을 주는 이야기가 많으니까 멘토나 롤 모델을 만나는 방법으로 손색없어.

예전에 앤절라 더크워스의 '그릿(GRIT)' 강의를 들었을 때는 끈기에 대해 생각하게 되더라. 학업이든 과업이든 성공한 사람에게 나타나는 특징 중 하나가 근성(GRIT)이래. 이 근성은 목표를 향해 오래 나아갈 수 있는 열정과 끈기이고 지구력이야. 이것은 타고나거나 고정된 게 아니라 노력을 통해 발전할 수 있다는 거지.

"Stay hungry, Stay foolish"라는 말 들어본 적 있어? 직역하면 계속 바보로 남고, 계속 배고픔을 느끼라는 뜻이야. 이 말은 스티브 잡스가 '죽기 전에 어떻게 살 것인가?'라는 주제로 스탠퍼드대학교 졸업식 축사에서 했던 말이야. 지금 아는 것에 만족하지 말고, 더 알고 싶어 하고 더 갈망하라는 의미가 담겨 있지. 갈망하고 우직하게 나아가라는 말. 이런 강연을 듣고 있으면 맨날 이래서 안 된다, 저래서 안 된다 핑계만 대던 내가 한심하게 느껴져. 현재에 안주하지 말고, 무조건 안 된다며 포기하지 말고 열심히 도전해야겠다 마음먹기도 하고. 강의를 듣고 나면 마음이 항상 풍요로워졌던 것 같아. 인생에 대한 자신감도 얻게 되고.

방구석에서 쉽고 편하게 멘토와 롤 모델을 만나서 그들을 통해 성장의 목표점을 구체화할 방법이 이렇게나 많아. 나는 아직 멘토도 없고 롤 모델도 못 정했다고 속상해할 필요 없어. 이제부터 세바시와 TED 강의를 만나면 될 테니까.

지금 너의 상황에서 무언가 잘 풀리지 않아 마음이 힘들거나, 한 발 내딛기에 어려움을 느낀다면 닮고 싶은 멘토나 롤 모델이 어떻게 어려움과 난관을 헤쳐 나갔는지 생각해 봐. 아마 위로를 얻고, 이겨 낼 힘이 생길 거야. 자신을 '쓰담쓰담'해 줄 멘토를 만나고, 자신의 기준에서 롤 모델을 찾는다면, 우리는 이루고 싶은 목표를 갖고 그것을 실행할 수 있는 동기를 부여받고 노력할 힘을 얻으며, 그런 나의 성장 과정을 바라보며 스스로 행복해질 거야. 그러니 이번 기회에 적극적으로 자신만의 방법으로 멘토와 롤 모델을 찾아보기를 바랄게.

나만의 모방 스위치 보고서 작성하기.

다음의 예를 통해 자신의 관심 분야와 롤 모델을 찾아보고, 그의 성장 스토리와 위기 극복 방법으로부터 배우고 싶은 점을 하나씩 골라 그것을 모방할 수 있는 자신만의 방법을 찾아보자.

예시

	1단계	**2단계**	**3단계**	**4단계**
	관심 분야	**롤 모델**	**롤 모델로부터 배우고 싶은 것**	**모방하기**
1	자기 계발	기업인 김미경	힘든 상황이 와도 포기하지 않고 끊임없이 공부하며 도전하는 열정	미라클 모닝
2	글쓰기	작가 이슬아	매일 글을 쓰는 성실함(글쓰기 근육)	새벽 글쓰기
3	독서	작가 김겨울	책을 선정하여 꾸준히 책을 읽고 읽은 책들을 콘셉트에 따라 쉽고 재미있게 사람들에게 추천	SNS 채널 운영 (@lynnchelin_booksalon)

나의 모방 스위치

	1단계	2단계	3단계	4단계
	관심 분야	롤 모델	롤 모델로부터 배우고 싶은 것	모방하기
1				
2				
3				
4				
5				
6				
7				

에필로그

우리는 정답 없는 미지의 세계로 나아가는 중

어린 시절부터 우리는 수많은 선택의 순간을 마주하며, 때로는 그 선택이 우리를 어디로 이끌지 모른 채로 미지의 항해를 하기도 해. 그 여정에 필요한 나침반은 사실 아주 다양한 방법으로 우리에게 제공되고 있지. 오히려 너무 많아서 문제이기도 해. 그런데 그 항해를 하게 되는 동기, 끝까지 해내려는 의지, 그리고 문제가 생겼을 때 꺾이지 않는 마음은 누구도 가르쳐 주지 않았어.

진로 독서 수업을 진행하면서 너희들 한 명 한 명에게 이런 어려움이 있다는 것을 알게 되었고, 그때그때 토닥이며 했던 말이 바로 지금 네가 읽은 그 이야기야. 네가 마지막 페이지를 덮으며 기분이 어떨지 궁금하네. '이생망'의 마음에서 조금은 달라졌을까?

책 한 권으로 너무 많은 잔소리를 한 것 같지만 결국 하고 싶은 말은 이런 거야. 나는 너희들이 진로에 있어서 너만의 멋진 길을 잘 설계하고 나아갔으면 좋겠어. 거기에 필요한 것 딱 세 가지만 당부하고 싶어.

내가 좋아하는 것이 무엇인지 찾아봐

진로와 관련해서 가장 중요한 질문이지만, '내가 뭘 좋아하지?'라고 스스로 물었을 때 쉽게 답을 찾지 못한 경험이 한두 번쯤은 다들 있을 거야. "선생님, 저는 좋아하는 게 없어요!"라는 힘 빠진 대답도 많이 들었어. 사실 답이라는 게 정해져 있는 것도 아니니 더더욱 그랬겠지. 왜 그런지 알아? 다른 사람을 의식하기 때문이거든. 이런 질문을 받으면 남들에게 내보일 만한 이야기를 꺼내야 할 것 같은 생각이 들잖아. 그렇지만 앞에서 계속 이야기했듯이 남들이 좋다는 직업이 답은 아니니까, 대답을 회피하며 포기하지 말고, 정말 내가 좋아하는 게 뭐가 있을까 떠올려 보면서 조심스럽게 내 마음에 똑똑, 노크해 보는 거야. '넌 뭘 할 때 가장 즐거워?'

TV에 나오는 달인들을 봐봐. 떡볶이 하나만 맛있게 만들어도, 호떡 하나만 잘 구워도 훌륭한 사람이 될 수 있어. 세상에서 해야 할 거창한 무언가를 생각할 게 아니라, 정말 내가 좋아하는 것을 고민하고 생각해서 열정을 가지고 책임을 다해 가다 보면 자신이 지향하는 가치와 만나는 너만의 길을 찾을 수 있을 거야.

남의 시선보다 스스로에게 떳떳한 선택이 중요해

이효리 부부가 집에서 의자를 만들던 중에 이효리가 의자 밑바닥을 열심히 다듬고 있는 남편을 보고 물었대.

"여기는 안 보이잖아. 누가 알겠어?"

"내가 알잖아. 남이 생각하는 것보다 내가 나를 어떻게 생각하는지가 더 중요해!"

다른 사람들이 정해 놓은 기준에 나를 맞추며 나는 부족하거나 쓸모없다고 생각한 적이 있을 거야. 하지만 인생은 다른 사람의 것이 아니라 오로지 나의 것이야. 그러니까 내가 하는 공부가 좋은지, 내가 하고자 하는 일에 끌리는지를 따져 보는 것이 더 중요해. 매번 나 자신에게 이렇게 물어야 하는 거야. '내가 하는 공부가 선생님이나 부모님에 의해 강요된 것은 아닌가?' '내가 정말 하고 싶은 일이 맞나?' '진로로 정한 직업이 출근하면서 퇴근을 생각하는 일은 아닌가?'

왜냐하면 나중에 시간이 지나서 "이 직업이 좋다고 저한테 선택하라고 했잖아요. 그런데 저 이거 적성에 안 맞아요!"라고 말한대도 그 누구도 너의 선택에 책임져 주지 않거든. 결과에 책임져야 하는 사람은 선택한 당사자인 너이기 때문에 스스로를 믿고 자기에게 떳떳한 주도적인 선택을 해야 해. 또 그 선택에 대한 책임을 다하려고 노력해야 하는 거지. 이렇게 해야 결과가 잘못되었을 때도 겸허하게 받아들이고 새롭게 도전하려는 의지를 다질 수 있어.

행복한 삶을 목표로

많은 사람이 진로를 직업으로 인식하고, 물질적 가치에 집중하는 경향이 있어. 자원봉사자가 아닌 이상 어느 정도의 보상은 있어야겠지만, 그것이 목적이 되어서는 안 돼. 왜냐면 물질이라는 것은 만족의 끝이 존재하지 않거든. 많이 가져도 더욱 더 많이 가진 사람들과 비교하면 내가 초라하고 불행하게 느껴질 수밖에 없어. 그렇기 때문에 인생의 목표를 '돈'이나 '명예', '지위' 같은 것으로 정하기보다는 내가 하고 싶은 일을 하면서 즐거움을 느끼고 행복해하면서 삶의 보람을 느끼는 것으로 정하면 좋을 거야. 홀랜드 검사나 MBTI 등의 심리검사가 건네는 힌트를 놓치지 않으면 우리만의 색깔을 찾고 즐겁게 성장할 수 있는 발판을 마련할 수 있겠지.

김구 선생은 "돈에 맞춰 일하면 직업이고 돈을 넘어 일하면

소명이다. 직업으로 일하면 월급을 받고 소명으로 일하면 선물을 받는다"라고 말했어. 자신이 뭘 잘하는지, 또 어떤 가치관을 가지고 살아가는지 잘 생각하고 그것을 진로의 기준으로 삼는다면 행복한 삶이라는 선물에 무척 가까워질 수 있다는 것을 꼭 기억해.

장황하게 이야기했지만 결국 하고 싶은 말은 하나야. 진로를 정하는 데 있어서 '너'에게 집중하라는 것. '너'가 온 우주에서 가장 소중하다는 것. 우리의 삶에서 누구나 한 번쯤은 거쳐 가는 사춘기의 혼란, 또 그 시기에 맞닥뜨리게 되는 불가피한 관문인 '중2병', '고2병', '대2병'. 이 세 가지 불치병 앞에서 우리는 종종 좌절하고, 때로는 자신의 길을 잃어버리기도 할 거야. 하지만 여기서 잠깐! 만약 이 시기를 자신의 진로를 탐색하고 알아 가는 소중한 과정으로 바라본다면 어떨까? 이 시기를 기회로 삼는다면? 그리고 그 과정과 기회에서 '너'의 마음을 제대로 돌아볼 수 있다면? 무엇을 원하고 어떤 사람이 되고 싶은지를 고민하다 보면 자신만의 길을 멋지게 걸어갈 수 있는 훌륭한 과정이 될 거라고 믿어 의심치 않아. 그 여정을 항상 응원하고 있는 누군가가 있다는 걸 잊지 말고 오늘 하루도 반짝반짝 나를 빛내 보자고.

클클문고는 1318 청소년을 위한 문학 시리즈입니다.

엄마가 좀비가 된다면 어떻게 할래?

엄마는 좀비

차무진 지음 | 13,500원

모두에게 익숙한 소년과 처음 만나는 나 사이

보이 코드

이진·전건우·정해연·조영주·차무진 지음 | 13,500원

개인 맞춤형 메타버스 학교부터 우주 도시의 혼합 학교까지

100년 후 학교

소향·윤자영·이지현·정명섭 지음 | 13,500원

엄마까지 사라져버린 이 세상은 어떻게 돌아가는 거야?

엄마가 죽었다

정해연 지음 | 13,500원

학교의 행복과 우리 모두의 안녕을 묻는 이야기

안녕, 선생님

소향·신조하·윤자영·정명섭 지음 | 13,500원

사춘기를 위한 진로 수업

초판 1쇄 발행 2024년 4월 15일
초판 2쇄 발행 2024년 9월 30일

지은이 | 권희린

발행인 | 박재호
주간 | 김선경
편집팀 | 강혜진, 허지희
마케팅팀 | 김용범
총무팀 | 김명숙

디자인 | 석운디자인
일러스트 | 불키드
교정교열 | 김선례
종이 | 세종페이퍼
인쇄·제본 | 한영문화사

발행처 | 생각학교
출판신고 | 제25100-2011-000321호
주소 | 서울시 마포구 양화로 156(동교동) LG 팰리스 814호
전화 | 02-334-7932 팩스 | 02-334-7933
전자우편 | 3347932@gmail.com

ISBN 979-11-93811-06-1 (43300)